四川省教育厅2023年一流课程（SYLKC202316）
自贡市社会科学界联合会产业转型与创新研究中心2024年项目（CZ24C06）

薪酬管理
在企业中的运用

李自荣 著

图书在版编目（CIP）数据

薪酬管理在企业中的运用 / 李自荣著 . -- 成都：四川大学出版社，2025. 6. -- ISBN 978-7-5690-7824-4

Ⅰ．F272.923

中国国家版本馆 CIP 数据核字第 20256H5V55 号

| 书　　名：薪酬管理在企业中的运用
| 　　　　　Xinchou Guanli zai Qiye zhong de Yunyong
| 著　　者：李自荣

选题策划：蒋　玙
责任编辑：蒋　玙
责任校对：吴连英
装帧设计：墨创文化
责任印制：李金兰

出版发行：四川大学出版社有限责任公司
　　　　　地址：成都市一环路南一段 24 号（610065）
　　　　　电话：（028）85408311（发行部）、85400276（总编室）
　　　　　电子邮箱：scupress@vip.163.com
　　　　　网址：https://press.scu.edu.cn
印前制作：四川胜翔数码印务设计有限公司
印刷装订：四川华龙印务有限公司

成品尺寸：170 mm×240 mm
印　　张：10.75
字　　数：208 千字
版　　次：2025 年 8 月 第 1 版
印　　次：2025 年 8 月 第 1 次印刷
定　　价：58.00 元

本社图书如有印装质量问题，请联系发行部调换

版权所有 ◆ 侵权必究

扫码获取数字资源

四川大学出版社
微信公众号

前　言

改革开放以来，中国经济的高速增长为世人所瞩目。究其原因，主要源于两个方面：一是体制改革造就的制度创新和激励机制；二是改革对生产要素，特别是劳动力要素的解放。改革激发了人力资源的活力，他们以各种方式投身于经济建设，使我国人力资源的优势得到充分发挥。正因为如此，人力资源管理在改革开放后特别是20世纪90年代以来，得到了企事业单位的高度关注。如何确定组织的人力资源战略、做好组织的人力资源规划，如何招聘、留住、开发以及激励组织需要的各类人才，如何把握好职位分析、绩效管理、薪酬管理等人力资源管理中的关键环节，如何建设良好的组织文化，已经成为企事业单位各级领导考虑的最重要的问题。随着移动互联网的发展、全球化步伐的进一步加快、人工智能等最新科学技术的发展以及"95后"开始大量进入职场，各种组织的人力资源管理面临诸多新的挑战，很多组织的人员数量可能会逐渐停止增长甚至下降，对员工的素质要求将大大提高，这就对组织的人力资源管理提出了更高的要求。

从我国改革开放40余年的历程中可以清楚地看到，人力资源是推动中国经济发展最重要的资源，堪称"第一资源"。更为重要的是，如今，我国自然资源的人均占有量与世界相比并不占优势，国民财富生产中自然资源消耗水平已经很高，我国经济与社会实现可持续发展需要进一步发挥人力资源的优势。需要指出的是，发挥人力资源优势并不是靠廉价的人工成本去竞争。世界各国发展的经验已经证明，人工成本必然会随着经济发展水平的提高而不断提高。一个国家的人力资源优势主要体现在两个方面：一是人力资源的教育素质，体现为潜在的生产力；二是对已经实现就业的人力资源的管理水平，体现为对人力资源的开发利用程度。我国的教育，特别是基础教育，在世界上是有竞争力的，培养了一支高素质的劳动力队伍。而我国的管理水平，尤其是人力资源管理水平，与世界发达国家相比仍然存在差距。因此，提高我国企事业单位以及政府机构的人力资源管理水平是发挥我国人力资源优势的当务之急。近几十年来，我国几代领导人都强调人才对于国家发展的重要作用，人才是第一资源日益得到广泛的认同，人才强国战略更是将人力资源和人才问题提升到整个国家战略的高度。

随着计划经济向市场经济改革的推进和全球化经济发展趋势的演进，我国企业的薪酬体系也发生了一系列变化。近年来，不少企业试行经营者年薪制、经理股票期权计划和员工持股计划，这些都是对工资体制进行的有益探索，薪酬体系变革的帷幕已经拉开：①薪酬体系不再一成不变，而是处在不断地变化之中，企业需要不断地根据变化的情况建立适当的薪酬体系；②"宽带薪酬设计"开始在国内一些企业实行；③薪酬设计开始出现能力模型；④薪酬的构成和实施呈现个性化，根据企业和员工的不同需求来设计和发放。从我国薪酬体系的演变过程来看，我国薪酬管理的主体从计划经济下的政府部门转化为市场经济下的企业。

随着经济的全球化趋势，我国企业在保留了一些传统的薪酬管理做法的同时，也在学习、模仿和尝试新的薪酬管理体系。本书将理论与实践相结合，努力对企业在人力资源管理方面的先进理念和经验进行实例研究，以给其他企业提供实践参考。

在本书写作过程中，编者参阅、援引了大量的文献资料，并从中吸收了许多有益的思想和具体的观点，在此谨向这些作者致以最诚挚的谢意。感谢李姣姣、杜雨婷、何菊蓉所做的相关工作，感谢宜宾学院的有关领导的大力协助和支持。

尽管已经付出了很大努力，我们仍然清楚地认识到，本书还有许多可以不断完善和修改的地方。我们真诚地希望广大读者不吝赐教，提出修改意见和建议，使之日臻完善，以推动薪酬体系设计管理水平的提高。

李自荣

2025 年 01 月

目 录

第一章 概 论 ·· 1
　第一节 研究背景 ··· 1
　第二节 研究目的和研究意义 ·· 1
　第三节 研究方法和研究内容 ·· 2

第二章 与薪酬相关的基础理论 ··· 4
　第一节 薪酬界定 ··· 4
　第二节 薪酬设计基础理论 ·· 16
　第三节 薪酬功能 ··· 23

第三章 薪酬体系设计 ··· 26
　第一节 薪酬体系 ··· 26
　第二节 薪酬体系设计原则 ·· 29

第四章 薪酬水平与薪酬调查 ··· 31
　第一节 薪酬水平 ··· 31
　第二节 薪酬调查 ··· 41

第五章 薪酬结构 ·· 47
　第一节 薪酬结构概念 ·· 47
　第二节 薪酬结构设计 ·· 48

第六章 绩效奖励 ·· 50
　第一节 绩效奖励的基本原理 ··· 50
　第二节 短期绩效奖励 ·· 57
　第三节 长期绩效奖励 ·· 69

第七章 员工福利管理 ... 72
第一节 员工福利的特点 ... 72
第二节 员工福利的影响 ... 75
第三节 员工福利的类型 ... 76

第八章 薪酬预算、控制与沟通 ... 83
第一节 薪酬预算 ... 83
第二节 薪酬控制 ... 94
第三节 薪酬沟通 ... 98

第九章 GDGS 公司薪酬体系设计实践 ... 103
第一节 GDGS 公司薪酬体系现状 ... 103
第二节 GDGS 公司薪酬体系存在的问题 ... 105
第三节 GDGS 公司薪酬体系再设计 ... 108

第十章 A 公司薪酬体系设计实践 ... 118
第一节 A 公司基本情况 ... 118
第二节 A 公司薪酬体系调查与分析 ... 119
第三节 A 公司薪酬体系存在的问题 ... 121
第四节 A 公司薪酬体系再设计 ... 123
第五节 A 公司薪酬体系保障措施 ... 127

第十一章 KH 高级技工学校薪酬体系实践 ... 129
第一节 KH 高级技工学校基本情况 ... 129
第二节 KH 高级技工学校薪酬体系调查与分析 ... 130
第三节 KH 高级技工学校薪酬体系存在的问题 ... 137
第四节 KH 高级技工学校薪酬体系再设计 ... 138
第五节 KH 高级技工学校技能薪酬体系保障措施 ... 151

参考文献 ... 152
附录1 A 公司薪酬公平性调查问卷 ... 156
附录2 薪酬公平性调查 ... 160
附录3 炮工薪酬调查问卷 ... 162
附录4 KH 高级技工学校技能薪酬体系调查问卷 ... 164

第一章　概　论

第一节　研究背景

伴随着一个崭新世纪的来临,人类社会快速步入了继工业文明、后工业文明之后的又一崭新阶段——知识经济时代。

知识经济的核心,就是以人力资源和知识资本为中心的新经济。1992年诺贝尔经济学奖得主贝克尔指出,发达国家资本的75%以上不再是物质资本,而是人力资本。人力资本成了人类财富增长和经济进步的源泉。人力资本在人类社会经济生活中的这种核心地位,决定了国与国之间、企业与企业之间的竞争将更主要地体现为智力资本与知识管理上的竞争,而人是智力与知识的能动载体,所以说竞争就是人才的竞争。谁在人才的竞争中取得优势,谁就可能在经济发展中取得领先。

随着我国改革开放的进一步深化,大批民营企业和外资企业涌现,特别是跨国公司的大举进入,人才竞争的程度也愈演愈烈。无可否认这些企业拥有先进和科学的经营管理机制,这也是吸引人才的重要原因,但富有竞争力的薪酬及福利待遇仍是人们选择企业的首要考虑因素。

我国企业要在知识经济和经济全球化时代获得生存空间,就是要利用薪酬制度吸引、留住和激励优秀的人才,使他们的能力得以充分和持续地发挥。

第二节　研究目的和研究意义

薪酬对企业人才竞争的重要影响,对企业经营发展的重要作用,正是本书探讨的意义和重点所在。

本书试图在马克思主义经济学和西方经济学工资理论的指导下,通过对现代企业制度下薪酬在企业中的具体运用的研究，以及对多家公司的薪酬的研究和分析，以企业薪酬体系再设计的实践经验为例，努力寻找和建立一套对我国企业特别是国有企业在知识经济和经济全球化时代获得竞争优势、具有普遍借鉴意义的薪酬运用体系。

第三节 研究方法和研究内容

一、研究方法

本书具体使用了以下三种研究方法。

1. 文献研究法

广泛阅读有关薪酬体系的国内外相关论文与期刊，充分利用好中国知网、万方等文献网站资源，对重点研究成果和相关理论进行归纳、整理、使用。

2. 问卷调查法

本书研究不仅对调查问卷样本基本信息进行分析，还对问卷的可靠性和有效性进行分析，再通过对调查问卷各选项得分情况、频数和频率的分析，进一步分析样本，从而分析出各企业在薪酬体系方面存在的问题、具体原因，以此来对各企业的薪酬体系进行再设计。

3. 访谈法

在深入调研企业薪酬体系的过程中，采用面对面的访谈方法，邀请具有代表性的管理者和员工，并对他们进行深入的访谈和交流，以更全面地了解企业薪酬体系存在的问题和未来的发展方向，实现数据的准确性和可靠性。

二、研究内容

本书共由十一章构成。

第一章：概论，主要围绕本书的研究背景、目的、意义、方法、内容等方面进行阐述。

第二章：与薪酬相关的基础理论，主要围绕薪酬界定、薪酬设计基础理论、薪酬功能进行阐述。

第三章：薪酬体系设计，主要围绕薪酬体系的含义、薪酬体系设计原理进行阐述。

第四章：主要围绕薪酬水平和薪酬调查进行阐述。

第五章：主要围绕薪酬结构概论、薪酬结构设计进行阐述。

第六章：主要围绕绩效奖励的基本原理、短期绩效奖励、长期绩效奖励进行阐述。

第七章：主要围绕员工福利概论、类型进行阐述。

第八章：主要围绕薪酬预算、控制与沟通进行阐述。

第九章、第十章、第十一章是介绍企业薪酬体系在不同行业中的具体运用。

第二章 与薪酬相关的基础理论

第一节 薪酬界定

薪，指薪水，又称薪金、薪资，所有可以用现金、物质来衡量的个人回报都可以称为薪。薪是可以数据化的，企业发给员工的工资、保险、实物福利、奖金、提成等都是薪。做工资、人工成本预算时预计的数额都是"薪"。酬，指报酬、报答、酬谢，是一种着眼于精神层面的酬劳。

经济学上，薪酬是指劳动者依靠劳动所获得的所有劳动报酬的总和。现代意义上的企业薪酬，是指企业对为实现企业目标而付出劳动的员工以法定货币和法定形式定期或不定期支付的一种劳动报酬。它包括直接经济报酬和间接经济报酬两个方面。直接经济报酬包括以工资、奖金和利润分成等形式表示的个人所获得的显性货币化收入，间接经济报酬包括转为住房、医疗和退休养老保障等各种福利的隐性货币化收入。而实际上，广义的薪酬还应包括企业提供的工作内容本身的挑战性、趣味性和成就感，良好的工作环境，合理的政策和机制，高素质的人力资源结构和良好的同事关系，弹性工作时间以及一定的社会地位标志等许多非经济报酬内容。

为了统一概念，本书中所出现的工资、报酬、收入和待遇等名词，大都从直接经济报酬这个概念的意义上来理解，即薪酬的本质是企业与员工之间对劳动者的能力进行等价交换的反映。它具有以下一些特性：一是以劳动关系存在为前提，只有当企业与员工之间存在劳动关系时才可能产生这种等价交换；二是企业以法定货币和法定形式定期或不定期支付给员工的劳动报酬；三是劳动力市场上劳动力供求关系变化的具体反映。

不同的国家和地区、不同的企业，工资水平是不同的。对企业来说，总是希望以更低的薪酬雇用到更好的员工；而对于员工来说，总是希望以同样的劳动获得更高的薪酬。另外，因为本书对薪酬进行分析时会经常使用岗位和职位这两个目前国内定义比较混乱的名词，为了便于理解，有必要在此进行界定。岗位是指根据企业目标为个人规定的一组任务及其相应的责任的名称，而职位则是职务价值相同或类似的岗位的集合。比如，会计主办、招聘主办、财务经理、人力资源经理等都是岗位，而主办或（部门）经理则是职位。

一、薪酬及其相关概念

薪酬概念出现的时间晚于工资，所以直到今天，人们很多时候还是习惯使用工资而不是薪酬的概念，此外，在经济学文献中，也一直使用工资（wage）或工资率（wagerate）的概念，而很少见到薪酬一词。在资本主义发展初期，工资主要有两种形式：一种是计件工资，一种是计时工资。计件工资是根据劳动者生产的产品数量支付的工资，是一种与劳动者的生产率或工作成果挂钩的工资。计时工资则是根据劳动者提供的劳动时间支付的工资，是相对固定的，与劳动者的生产率或工作成果无关。那时，工厂中的生产活动相对简单，机器设备也不复杂，因此计件工资占的比重很大，但随着生产技术不断改进以及工业生产系统日益复杂化，即使是在工厂工作中，计时工资占的比重也越来越大。然而，计时工资存在一个很大的缺陷，就是它无法激励员工达成高生产率或取得高水平的工作成果，在这种情况下，企业开始通过各种方式将员工的一部分工资与个人、群体或企业的某种或某些绩效指标挂钩，从而使员工的一部分工资成为固定工资，一部分工资则变成与绩效挂钩的浮动工资或奖金。再后来，企业开始向员工提供另一种具有经济价值的报酬形式——福利，这样，劳动报酬的形式日益多样化，为了更好地反映这样一种发展趋势，薪酬的概念应运而生。与工资有关的两个最常见的英文单词是 wage 和 salary，其中，wage 一般直译为"工资"，它以小时为单位确定，等于小时工资率乘以实际工作小时数，通常用于蓝领员工。而 salary 一般翻译为"薪资、薪金或薪水"，它以年为单位确定，通常用于白领员工，这种薪资表现为年薪，尽管也可能按周或双周发放。从上述定义来看，这里的工资和薪资有两个共同特征：一是两者都体现为货币化的劳动报酬，不涉及福利；二是两者都没有体现绩效或奖励的成分，要么按工作小时数固定发放，要么按年固定发放。薪酬最常见的英文是 compensation，原本的含义是弥补和补偿之意，而薪酬显然属于雇主或企业针对员工提供的劳动而给予的一种补偿或回报。由于在市场经济的发展过程中，企业为员工劳动所提供的经济补偿或回报不仅体现为固定工资，还体现为在企业中日渐得到广泛运用的绩效奖励或奖金，甚至还体现为各种福利，因此，用包容性更强的薪酬概念取代原来的工资或薪资概念就有明显的现实意义和实用价值。

然而，即使在英语中，不同的使用者往往也会对薪酬的内涵和外延做出不同的界定。对薪酬概念的界定通常有三种。第一种是窄口径的界定，即员工因为雇佣关系的存在而从雇主那里获得的各种形式的货币报酬。显然，这种薪酬概念仅仅包括货币性劳动报酬，它是基本薪酬和可变（或浮动）薪酬的总和，福利并不包括在内。世界薪酬协会就采用了这种定义，美国联邦人事管理局以及美国劳工统计局也倾向于使用这种定义。在实践中，大多数企业也采用这种定义，很多公司人力资源部门下设薪酬与福利管理业务模块。第二种是中等口径的界定，即员工因为雇佣关系的存在而从雇主那里获得的各种形式的经济报酬及有形服务和福利。这一薪酬概念不仅包括上述窄口径的内容，还包括福利。这一概念将薪酬定义为直接经济报酬，而将福利定义为间接经济报酬。国外的一些人力资源管理和薪酬管理教材采用了这种定义。第三种是宽口径的界定，即"员工因为完成工作而获得的全部内在报酬和外在报酬的总和"。这种薪酬概念实际上等同于广义的报酬概念，不仅包括窄口径的薪酬和福利，甚至还包括一些心理上的收益。不过，这种过宽口径的薪酬定义并不常见。

在本书中，我们采用薪酬的第一种窄口径定义方式，即认为薪酬仅仅包括当期支付的货币性报酬，即薪酬由基本薪酬（或固定薪酬）及浮动薪酬（或奖励薪酬）组成，但不包括福利（各种保险、带薪休假和员工服务等非货币性或延期支付的经济报酬）。

实践中，企业在决定员工个人的薪酬时，往往会通盘考虑员工的固定薪酬和浮动薪酬，即根据劳动力市场上的通行薪酬水平以及企业的整体薪酬战略首先确定员工的年度总体薪酬标准。即使是在浮动薪酬不仅与员工个人绩效挂钩，而且与企业绩效挂钩的情况下，企业也会首先对员工一年的总体薪酬水平有一个整体考虑。其次，企业以某种方式将这种整体薪酬水平以一定的比例划分为固定薪酬和浮动薪酬两大组成部分。通常情况下，绩效比较容易量化和衡量的职位，比如营销、生产等类型的职位，浮动薪酬所占的比例更大一些，而人力资源管理、财务管理等职能管理类职位，其固定薪酬所占的比例更大一些。浮动薪酬所占的比例越大，员工的薪酬风险越高，即员工在绩效优秀时能够获得的总薪酬水平较高，当他们的绩效不佳时，所能得到的总薪酬也较低。

需要指出的是，由于一些历史习惯以及为了用语简练和行文的方便，无论在实践中还是本书中，有时候也会简单地用"薪酬"一词来代指将要讨论的"总薪酬"，即薪酬有时候指代的是薪酬加福利，而不仅仅是这里定义的薪酬的范畴。比如，在说"薪酬管理"时，实际上是指对薪酬和福利两个方面的管理，而"薪酬调查"包括对薪酬和福利两方面内容的调查。

二、基本薪酬（或固定薪酬）

基本薪酬，简称基薪，又称固定薪酬，是员工因在企业中工作而获得的较为稳定的经济报酬。它不仅为员工提供了基本的生活保障和稳定的收入来源，而且往往是确定可变薪酬（包括年终奖）等的一个重要基础。它是一个企业根据员工承担的职位及相应的工作职责，或者是员工所具备的完成工作的技能或能力等，向员工支付的相对稳定的经济性报酬。大多数情况下，企业根据员工承担的工作或职位的重要性、难度或者对企业的价值来确定员工的基本薪酬（职位薪酬体系）。在另一些情况下，企业也可能基于员工完成工作的知识、技能或能力高低来确定他们的基本薪酬（知识薪酬体系、技能薪酬体系或能力薪酬体系）。员工的基本薪酬在确定之后并不是一成不变的，而是会随着一些因素的变化不断调整，调整的主要依据有：第一，职位调薪，即随着员工的职位变化而进行的基本薪酬调整。在实行职位薪酬制度的情况下，由于员工晋升到更为重要或责任更大的职位，职位级别相应上升，基本薪酬一般会随晋升而上调。相反，如果员工因绩效不佳或能力不足等被降职或降级使用，其基本薪酬很有可能随之下降。第二，能力调薪。当员工本人具备的知识技能和经验等人力资本发生变化，尤其是知识、技能和能力出现较为明显的提高时，基本薪酬随之上涨。在实行技能薪酬的情况下，员工通过参加培训获得了更高水平的技能或者考取相关的资格证书，或者是通过边干边学的方式积累了更多的工作经验，往往会实现相应的加薪。第三，绩效调薪。很多企业会根据员工上一年的工作绩效考核结果对他们的基本薪酬进行调整，主要表现为绩效加薪。通常是绩效评价结果越好，加薪的百分比越高，绩效评价结果不达标者往往加薪比例小或不加薪，甚至有可能被降薪。当然，在决定调薪幅度时，企业的整体绩效也是一个重要的考虑因素。第四，年资调薪。很多企业习惯于每年或每两年左右根据员工在本企业的连续服务年限给员工适当加薪，有些企业会在薪酬体系中单独设置一个年功工资（或工龄补贴）模块，有些企业则通过在一个浮动范围内上调基本薪酬来体现年资的因素。第五，生活成本调薪，即根据当地生活费用或物价变动的情况调整基本薪酬。特别在通货膨胀或物价快速上涨时，企业往往需要提高员工的基本薪酬，以抵消员工薪酬实际购买力的下降。有些基本薪酬的调整是单独发生的，比如职位调薪和技能调薪，是针对职位等级或技能等级变化的员工,因而不属于普遍调薪,没有发生这些方面变化的员工不会被调薪。而年资调薪、生活成本调薪以及绩效调薪属于普遍调薪,因此,这些调薪很可能会在综合考虑的基础上合并实施。此外,前一种调薪往往伴随着员工个人所在的薪酬等级的变化,而后一种调薪只是表现为员工在同一个薪酬等级内部的薪酬水平调整。

三、可变薪酬(或奖励薪酬)

可变薪酬是薪酬体系中与绩效直接挂钩的经济性报酬,有时也称为浮动薪酬、绩效薪酬、奖励薪酬或奖金。实行可变薪酬的目的是在绩效与薪酬之间建立一种直接的联系,而这种绩效既可以是员工个人的业绩,也可以是企业中某一业务单位、员工群体、团队甚至整个公司的业绩。由于在绩效与薪酬之间建立起直接的联系,因此,可变薪酬对于员工具有很强的激励性,对于企业绩效目标的实现起着非常积极的作用。它有助于企业强化员工个人、员工群体乃至公司全体员工的优秀绩效,从而达到节约成本、提高产量、改善质量以及增加收益等多种目的。

通常情况下,我们可以将可变薪酬划分为短期可变薪酬和长期可变薪酬两种。短期可变薪酬或短期奖金一般建立在非常具体的绩效目标基础之上。而长期可变薪酬的目的则在于鼓励员工努力实现跨年度或多年度的绩效目标,最常见的就是股票期权以及员工持股等长期激励计划。股票期权是针对企业高层管理人员以及一些核心管理人员、专业技术人员的长期激励计划。此外,员工所有权计划或员工持股计划也属于一种长期的可变薪酬,这是因为管理者或员工从这类计划中得到的股权或期权的价值与企业长期目标(如投资收益、市场份额净资产收益等)的实现情况挂钩,因而可以上下波动。这些计划实际带来的收益或者与公司股票价格的变化相关,或者与公司利润水平有关。与短期奖励相比,长期奖励能够将员工的薪酬与企业长期目标的实现联系在一起,并且能够对一个企业的企业文化起到更为强大的支持作用。

需要说明的一点是,虽然绩效加薪和可变薪酬都与员工的绩效联系在一起,但是两者之间存在两个重要的区别。首先,绩效加薪是对员工过去的绩效和优秀表现的一种奖励,它以员工的基本薪酬为基础,绩效加薪的百分比往往取决于企业当年的经营业绩以及员工个人的绩效评价等级。因此,绩效加薪的百分比不需要而且往往也不可能与员工事先协商或沟通,但可变薪酬及奖金往往是以影响员工的未来行为或业绩为目的的,所以,奖金的多少、收益分享的比率以及股权授予的日期等都是事先约定好的。其次，更为重要的一个区别是，绩效加薪一旦确定，就会永久地纳入基本薪酬，第二年会在上一年已经加过的基本薪酬的基础上再加薪。这样，绩效加薪就会产生一种累积作用。而可变薪酬往往不存在这种累积作用，只适用于员工和企业约定的某个绩效周期。一旦绩效周期结束，奖金兑现，过去的约定就不复存在，双方必须开始下一轮新的约定，员工必须重新努力工作才能获得新的绩效奖励。因此，由于绩效加薪的累积效应，虽然它在较短的时间内不会对企业的成本开支构成太大的问题，但是在一段较长的时间内很有可能给企业带来较大的成本压力。尤其是当企业面临困境的时候，绩效加薪可能会对企业的现金流量和运营成本构成威胁。而可变薪基本上没有这方面的问题，由于它与员工的业绩或者企业的整体经营业绩联系在一起，因而具有较大的灵活性，一般不会对公司的成本构成持续性的影响。因为一旦员工的绩效或者企业的绩效下滑，员工可以得到的奖金数量也会随之下降。

四、福利（或间接薪酬）

与基本薪酬和可变薪酬不同的是，福利不是以员工为企业工作的时间为计算单位的。它一般包括各种法定社会保险、企业补充保险、非工作时间付薪、向员工个人及其家庭提供的服务（如儿童看护、家庭理财咨询、工作餐等）、健康及医疗保健等。作为一种不同于基本薪酬的薪酬支付手段，福利这种薪酬支付方式有其独特的价值。首先，由于福利不是以现金形式支付给员工的，因此，企业和员工双方都可能通过这种方式达到合理避税的目的。其次，福利为员工将来的退休生活和一些可能发生的不测事件提供了保障（有些间接薪酬被员工看成"以后可以用的钱"）。最后，福利也是调整员工购买力的一种手段，使得员工能以较低的成本购买自己所需的产品。因此近年来，福利和服务成本在国外许多企业中的上升速度是相当快的，许多企业采取了自助餐式的福利计划来帮助员工从福利和服务中获取更大的价值。

作为总薪酬的一个重要组成部分，福利存在两个方面的主要问题。一是福利本身具有平均主义的性质，往往与员工的企业成员身份有关，而与个人绩效关系不大。如果不能将员工福利与企业战略目标和人力资源管理需要相结合，很可能导致企业的福利成本很高，但价值不大。二是很多福利项目的潜在成本很高，尽管刚开始试行的时候成本不算高，但长期实施下去，成本会快速上升，最终可能超出企业可以承受的范围。

五、其他薪酬

除了基本薪酬、可变薪酬以及福利，在企业支付给员工的薪酬中还包括一些不太好分类的，主要有两部分：一是在员工的各种假期支付的报酬，比如带薪休假工资、节假日工资、病假以及事假工资等；二是各种津补贴项目（如轮班津贴、生活成本补贴等）以及在正常工作日或节假日加班产生的加班费。美国劳工统计局进行全国薪酬调查主要是为了定期统计美国企业因雇佣员工而实际产生的薪酬和福利的总成本，在其发布的报告中，将上述带薪假期工资、津补贴和加班费作为福利的一部分进行统计。主要原因是，这些薪酬项目尽管都是以现金形式发放的，但既不是与绩效挂钩的浮动薪酬，也不是固定发放的基本薪酬，而是具有明显的福利性质。

六、报酬

报酬是一个比总薪酬外延更大的概念，通常情况下，我们将一位员工为某个企业工作而获得的所有本人认为有价值的要素统称为报酬。很显然，员工在一个企业工作的时候，除了能够获得薪酬和福利这样一些经济报酬，还能够获得一些心理方面的收益或非经济报酬，比如企业中的地位、得到尊重、个人能力的提升以及成就感等。因此，首先，可以将报酬划分为经济报酬和非经济报酬。经济报酬通常包括各种形式的薪酬与福利（其中，薪酬称为直接经济报酬，福利称为间接经济报酬），非经济报酬则包括上级和同事的认可、个人成长与发展、富有挑战性的工作、决策参与、良好的工作环境和办公地点等。其次，报酬还可以划分为内在报酬和外在报酬，主要区别在于报酬对劳动者而言是一种来自外部的刺激，还是一种来自内心的激励。如表2.1所示，所有的经济报酬都属于外在报酬，而在非经济报酬中，一部分（比如良好的办公环境、诱人的头衔等）属于外在报酬，另一部分（比如上级和同事的认可与企业内地位、具有挑战性的工作、学习与成长的机会等）则属于内在报酬。

表 2.1 报酬的分类

类别	外在报酬	内在报酬
经济报酬	薪酬：基本薪酬、加班费、津补贴、各种奖金等 福利：各类法定保险和企业自定保险、员工福利、带薪休假、学费报销等	无
非经济报酬	理想的工作地点、良好的办公环境、私人秘书、诱人的头衔	参与决策、具有挑战性的工作、感兴趣的工作或任务、上级和同事的认可与企业内地位、学习与成长的机会、多元化的活动

对报酬概念所做的研究丰富了人们对于员工激励问题的认识。对于薪酬福利之外的其他一些非物质报酬的重要性，我们可以从很多理论研究中看到依据。比如，美国学者弗里德里克·赫茨伯格在20世纪50年代末提出的双因素理论就指出，使员工感到满意的因素通常是成就、赏识、挑战性的工作、增加的工作责任以及成长和发展的机会等，而使员工感到不满的因素主要包括公司政策、管理措施、监督、人际关系、工作条件、工资、福利等。他把前者叫作激励因素，后者叫作保健因素。保健因素提供得再多，顶多起到不让员工产生不满的作用，即处于既不是满意又不是不满意的中性状态，只有提供更多的激励因素才能使员工产生满意感、积极的工作态度和更强的工作动机。由于赫茨伯格的这一研究结论是基于他的同事对在匹兹堡附近一些工商业机构中就职的大约200位专业人士所做的调查，因此，这结论对于今天的知识型员工的管理来说仍然具有重要的借鉴意义。

关于非经济报酬以及内在报酬等对于员工激励的重要性，在企业管理实践中还必须注意以下两点：

第一，由于员工将自己在一家企业中工作而获得的所有自认为有价值的东西都视为报酬，即视为他们为企业付出劳动的交换物，并且各种报酬的构成都有可能影响员工的工作态度、工作行为、满意度、绩效及离职率。因此，当员工将不良的行为、绩效及离职等归咎于薪酬的时候，企业必须清醒地意识到，薪酬很可能不是唯一的原因，或者并非最主要的原因。相反，员工对薪酬的抱怨很可能会掩盖他们对企业中其他方面，比如领导者风格、职业发展机会、工作成就感、对工作的影响力和自由度以及决策参与机会等的不满。员工有时甚至会要求提高外在报酬尤其是薪酬，作为对内在报酬不足的一种补偿。因此，在有些情况下，简单地提高薪酬水平并不能从根本上消除员工的不满。比如，美国联合包裹速递服务公司通过研究发现，公司负责送货的司机之所以离职率过高，是因为对工作内容安排不合理不满，而不是对薪酬不满。

第二，尽管从理论上来说，所有属于报酬的元素都会对员工产生激励，但我们必须认识到，由于不同的人在需求或个人偏好方面存在一定的差异，因此，对一位员工来说属于报酬的因素，对另一位员工来说却未必如此，或者不同的人对同一种报酬的价值所做的判断是存在差异的。比如，工作得到上级的认可或受到领导的尊重对于某些员工来说是一种非常有价值的报酬，但对于另一些员工来说，这种报酬的价值可以忽略不计，甚至不被视为报酬。因此，企业在设计薪酬体系的时候，既要重视共性的因素，又要重视对个性化报酬元素的挖掘和设计，不同的性别、年龄、学历、家庭状况、价值观和个性等都会对员工重视的报酬元素产生影响，这就要求企业必须对员工或员工群体的需求和偏好有所了解，否则，企业很容易陷入在薪酬福利等经济报酬以及其他一些非经济报酬方面支出巨大，但企业绩效和利润不佳的困境。

七、薪酬管理

所谓薪酬管理，在广义上是指一个企业为了实现企业战略和经营目标，维护企业文化以及吸引、留住、激励和开发员工，制定企业的薪酬战略、薪酬政策和薪酬制度，并且实施各项薪酬管理任务的整个过程。从狭义的角度来说，薪酬管理主要是企业针对员工提供的服务确定他们的薪酬体系、薪酬水平、薪酬结构、薪酬支付方式以及付诸实施的过程。广义的薪酬管理实际上强调的是战略性薪酬管理，而狭义的薪酬管理更多的是指各种薪酬事务的处理。关于战略性薪酬管理问题，我们将在案例中进行运用。

在市场经济条件下，劳动者薪酬水平最重要的决定因素是此类劳动力在市场上的供求关系，因此，很多企业支付给员工的货币薪酬就是基于市场薪酬水平确定的固定薪酬和浮动薪酬，还有一些企业甚至就支付一笔固定薪酬，而不是像很多企业那样把薪酬结构设计得那么复杂。另外，在市场经济条件下，企业的基本薪酬主要根据岗位价值决定，因此，在薪酬体系设计中就已经把岗位的工作环境或工作条件、对任职者的技能要求、需要承担的责任大小、工作强度和压力等各种因素考虑进去了，用一个岗位薪酬或基本薪酬就取代了各种各样的津补贴。此外，在大多数情况下，员工获得的货币薪酬在水平上会超出基本生存需要，至于员工在衣食住行等各方面如何支配自己的薪酬，跟企业无关，所以就不需要设置那么多细致的薪酬项目或条目。最后，需要强调的是，从薪酬管理的角度来看，一个企业的薪酬项目设置得越多，不仅会使薪酬管理工作变得更复杂，而且会导致薪酬与企业和个人绩效之间的关系越疏远，对员工的激励效果更差。

1. 薪酬管理与职位设计之间的关系

长期以来，人力资源管理都以职位为中心，薪酬管理也同样如此，但随着企业经营环境不确定性上升以及对员工的灵活性要求逐渐提高，很多企业中的职位特征发生变化，传统中划分过细的职位分类及范围狭窄的职位描述越来越难以适应竞争的需要，而界定范围较为宽泛的职位越来越多，这就要求员工承担范围更大的职责和任务，具备更多的技术和能力。此外，很多情况下，企业还越来越强调团队工作方式，而不是独立的个人工作和单个职位的概念。在这种情况下，企业的薪酬体系就必须适应和支持这种新的发展趋势，并对员工的工作行为加以引导。相应的改革措施可能包括建立技能或知识薪酬体系、能力薪酬体系，制定以小组或团队为单位的薪酬方案等。

2. 薪酬管理与员工的招募和甄选的关系

薪酬管理与企业员工的招募与甄选活动存在一种相互影响的关系。企业的薪酬设计会对企业的招募和甄选工作的速度、所获得的员工数量与质量及人格特征产生影响。

首先，企业薪酬水平对于员工的招募和甄选是一个非常关键的因素。这是因为，虽然员工为企业工作并不仅仅是为了企业所提供的薪酬，但是对于一位尚未进入企业的准员工而言，薪酬之外的其他报酬要素，比如良好的企业文化和同事关系、较高的管理水平、工作的挑战性等，在很大程度上都还是未知数，唯有薪酬是可以与其他企业直接进行比较的一个明显特征。因此，薪酬在员工的就业决策中是一个影响非常大的变量。通常情况下，高于市场水平的薪酬对于企业员工的招募和甄选活动是非常有利的。高水平的薪酬可以较快的速度吸引大批合格的求职者，因此，企业的甄选标准也可以适当提高，从而保证企业较快地获得高素质的员工；反之，如果企业没有其他方面的报酬支持，薪酬水平又不高，那么企业的员工招募和甄选活动就会遇到困难。

其次，通过企业的薪酬制度所传递出来的特定信息，比如企业的经济实力、等级制度价值导向及企业文化等，会在劳动力市场充当一种有效的甄选机制，帮助企业吸引那些与企业文化和需要相匹配的员工，同时使那些与企业文化和需要不相匹配的劳动者通过自我选择另谋高就，从而提高企业员工的招募与甄选活动的效率，缩减相关开支。比如，在总体薪酬水平相当的情况下，一家基本薪酬较高而浮动薪酬或奖金较少的企业所吸引的多是那些不喜欢承担风险的员工，而这些员工往往会比较在意工作的稳定性，愿意在某种工作岗位上长时间地从事相同的工作。而一家采取相反薪酬设计方式的公司所吸引的则是那些不满足于获得稳定报酬的人，他们愿意承担风险，但是也需要企业为他们所承担的这种风险支付相应的报酬。此外，直接薪酬和间接薪酬之间的比例对于企业所招募的员工类型具有类似的影响。

最后，企业所要招募的员工类型，如对于候选员工的知识、经验及能力水平的要求等，又会直接影响到企业的薪酬水平和薪酬结构。当企业要求员工能够承担较多或难度较大的职责和任务而需要具备较高的任职资格条件时，企业往往需要支付较高水平的薪酬；如果希望招募到的员工是有远见、富有冒险精神、勇于创新的，企业通常在薪酬中设计较大份额的绩效奖励或奖金，比较稳定和固定的基本薪酬所占的比例则会相对低一些。

3. 薪酬管理与培训和开发的关系

进入 21 世纪以后，随着全球经济一体化以及市场竞争的日趋激烈，新的技术和能力、新的行为，甚至新的价值观，都成为决定企业竞争地位的重要因素，因此，员工的培训和开发以及职业生涯设计成为企业核心竞争力的一个重要支持。当前，企业普遍在朝着学习型企业的方向发展，只有设计出与学习型企业相适应的薪酬制度和薪酬体系，对员工的学习行为尤其是学习之后的运用结果给予反馈和奖励，才有助于推动员工与企业所倡导的这种新型文化保持一致。比如，以技能和能力为基础的薪酬体系就是一种激励员工不断学习、不断提高自身能力的薪酬制度；而以团队为基础的薪酬结构有利于知识、经验及技能在团队内部的分享。总之，薪酬管理对企业的培训和开发活动能够起到很好的支持和引导作用：薪酬体系的合理设计有助于引导员工主动接受培训、努力进行自我技能开发、不断巩固和提高自身的业务素质，从而增强员工适应工作的能力，帮助企业获得更大的效益。举例来说，国内某航空公司在国际航线值机柜台办理登机服务的值机员需要操作公司所代理的国外航空公司的电脑订座系统，但是不同国家的航空公司所使用的订座系统并不相同。在这种情况下，有些优秀的值机员可能会操作三四家航空公司的订座系统，而一些值机员却只会操作一家航空公司的订座系统，但两类员工的薪酬水平几乎是一样的。这样，即使公司号召大家多掌握几种订座系统，这些人也没有动力去学习新的技能，甚至当公司要求大家去接受培训时，很多人也没有积极性。但是，如果公司改变薪酬设计，使值机员的基本薪酬与其所能够操作的订座系统的种类有一定联系，那么员工一定会积极学习和掌握更多新的订座系统。如果大多数值机员都能够掌握两三种订座系统，那么即使相对提高这些员工的薪酬水平，公司也能通过人员精简获得成本的节约。

4. 薪酬管理与绩效管理的关系

绩效管理是现代企业人力资源管理的一项核心内容，绩效评价指标体系的建立、绩效目标的制定、绩效监督和绩效评价与反馈机制是任何一家现代企业实现目标及持续发展的动力。可以说，在竞争激烈的今天，企业比以往任何时候都更需要绩效管理。但是，企业的绩效管理系统要想得到管理者和员工的认可和支持，企业的绩效管理制度要得到贯彻，没有相应的绩效报酬制度是很难实现的。事实上，绩效与报酬之间的关系日益紧密是20世纪90年代以后企业薪酬制度变革的一个重要内容。过去那种单纯以职位作为报酬的主要依据的薪酬体系越来越无法适应竞争的需要，企业越来越多地在考虑如何在基本薪酬影响的情况下，使员工个人及团队的薪酬与他们的绩效挂钩。不仅如此，过去的绩效加薪政策也越来越多地被不具有累积性质的绩效奖励政策取代。从绩效管理本身来看，那种一维的、静态的绩效评价方法逐渐被全方位的、动态的绩效评价方法取代。企业不仅关心员工的业绩目标实现情况，也关心员工实现业绩的过程以及在这一过程中所表现出来的行为、态度和能力；不仅关心企业的短期绩效，更关心企业的长期绩效。其原因在于，在一个不确定性增加的环境中，只有这样才能对员工进行更为公正、导向性更为明确的评价，也更有利于企业的长期发展。事实上，在这种以能力模型为中心的人力资源管理系统中，企业的薪酬管理已经从过去主要考虑绩效和薪酬之间的关系，发展到不仅关心员工的业绩目标实现，而且关心员工的整体素质、所掌握的技能及未来的潜力提升等。以技能和能力为基础的薪酬体系被越来越多的企业应用，正是这种发展趋势的一种现实证据。

5. 薪酬管理与员工关系管理的关系

员工关系管理是指企业为了在经济契约的基础上与员工之间形成一种对双方都有利的心理契约而采取的各种管理措施，主要包括劳动关系管理、员工参与管理、员工满意度监测与流动管理、企业文化建设、争议处理程序、员工援助计划等多项内容。妥善处理企业与员工之间的关系无疑有利于企业目标的实现及企业的长期发展。薪酬管理与员工关系管理的关系主要体现在以下几个方面：第一，薪酬设计和薪酬管理过程及其结果本身会影响员工关系的塑造。如果企业的薪酬管理能够严格遵守国家的法律法规，充分体现程序和结果的公平性和公正性，薪酬总是能够及时发放，则有利于强化员工对企业的公平的认知，提高员工对企业的满意度。第二，薪酬水平会直接影响员工的流动性。在其他条件一定的情况下，高水平的薪酬有助于抑制员工的离职倾向，提高员工的企业承诺度或敬业度，而低水平的薪酬则不利于留住员工和提高员工的工作积极性。第三，薪酬体系本身会导致形成或强化不同的文化。比如，如果薪酬体系中大量体现了对绩效的奖励，则有助于形成或强化绩效文化；如果薪酬体系重视对团队绩效的奖励，则有助于形成或强化团队合作文化；如果在薪酬中体现对工作年限的认可，则有助于在企业和员工之间形成对彼此的长期承诺。第四，企业对员工采取的一些纪律处罚措施可能会涉及员工的薪酬扣减。企业并不是在任何情况下都可以对员工采取罚款的措施，在制定和实施相关制度时，首先要符合法律法规的基本要求，其次要确保公平公正，即使是在合法的情况下，对员工的薪酬扣罚也不能有失公平，具体如图2.1所示。

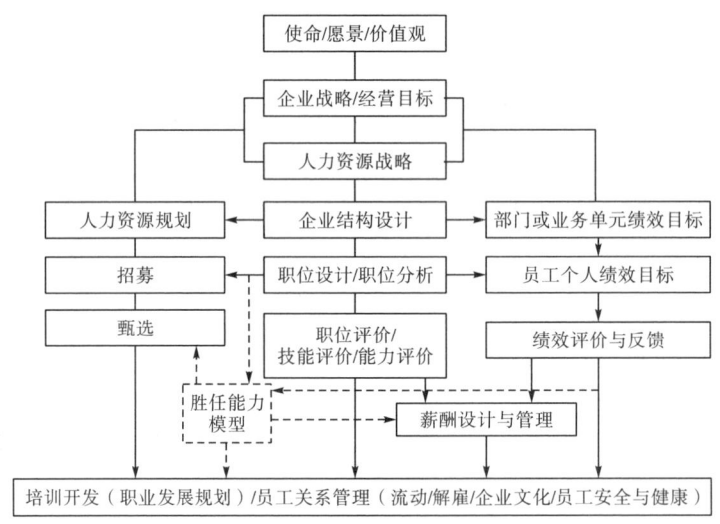

图 2.1　现代人力资源管理中的薪酬管理

第二节　薪酬设计基础理论

薪酬不仅关系个人利益，而且涉及整个企业、社会乃至国家的经济发展。所以，薪酬是国内外经济学和管理学学者的研究重点。考虑到本书强调的实际运用性，这里主要评价两种基本薪酬理论，即工资决定理论和激励理论。

一、工资决定理论

工资决定理论是关于如何以科学的依据和方法来合理确定工资水平的理论。许多经济学家和管理学家从不同角度提出了各种理论。工资决定理论指宏观上工资由劳动力市场的供给曲线与需求曲线的交点所决定。劳动力的需求曲线向右下方倾斜，表明随着劳动力供给的增加，劳动力的边际产出递减。劳动力的供给曲线向后弯曲，表明工资高过一定限度，货币收入的边际效用不足以抵补劳动的边际负效用，劳动力的供给反而减少了。对于个人，工资由自己决定。也就是说，个人的努力占更大的比例。经济学分配理论中，工资决定理论有效率工资理论、生存工资理论、工资基金理论、边际生产力工资理论、人力资本理论和分享工资理论。

1. 效率工资理论

亚当·斯密是最早对工资进行分析和研究的经济学家之一。他认为，工资是在财产所有者与劳动者相分离的情况下，作为非财产所有者的劳动者的报酬。因此，工资水平取决于财产所有者即雇主与劳动者的力量的对比。他认为影响工资增长的因素主要是每年增加的就业机会，即对劳动者的需求大于劳动者的供给，使雇主们竞相出高价雇佣劳动者。对于劳动者的需求，他认为必定随着预定支付劳动工资的增加而成比例地增加，资金的增加是因为生产扩大和国民财富增加。

此外，亚当·斯密对工资理论的另外一个贡献就是对工资差别进行了解释。他认为，造成现实中不同职业和工人之间工资差别的主要原因有两类：第一类是各种不同职业劳动者的心理、学习成本、安全程度、责任程度、职业风险的差异造成了不同性质职业的工资差别。第二类是政府的工资政策影响了劳动力市场的供求关系而导致的工资差别。

尽管亚当·斯密的工资理论并不成熟，但之后众多的工资理论研究，都是在他的理论基础上进行的。他对工资差别的理论解释，对现代企业薪酬管理仍具有一定的借鉴意义。

一般而言，工资作为劳动的报酬，用于购买生活资料以再生产劳动力。但是，工人并不是单纯的劳动机器；工人出卖劳动力获得工资，并不是为了再生产出供剥削的劳动力，而是为了维持并不断改善其生活。如果工资水平低到仅能维持劳动者的基本消费，不仅劳动力的再生产会受到威胁，工人劳动的主动性和积极性也无法发挥。工资水平的提高，工人生活水平的不断改善，在一定程度上体现了工人作为人的价值的实现。因此,高工资本身作为对人们诚实劳动和努力工作的一种奖励,不仅有助于提高劳动生产率,而且对构建良性经济和社会秩序具有重要作用。

2. 生存工资理论

生存工资理论是18世纪末—19世纪初由亚当·斯密和大卫·李嘉图提出并描述的,其更多地揭示了资本主义原始积累时期的现实情况。生存工资理论的要点是:从长远看,在工业化社会中,工人的工资等于其最低生活费用,学者们在多位专家研究的基础上进一步发展基本观点,把工资和生活资料的价值联系起来,认为工资具有自然价格和市场价格。自然价格是劳动者大致能够维持生活并不增不减地延续后代所需生活资料的价格;市场价格是劳动力市场上供求关系确定的实际支付的价格。

3. 工资基金理论

19世纪中叶,随着生存工资理论的日趋没落,工资基金理论开始产生。工资基金理论的代表人物是英国古典经济学家约翰·S. 穆勒。工资基金理论是指工人的工资受人口规律支配,工人的工资水平和工人的生活状况随人口的增减而变动,从而周而复始地进行下去。该理论的要点是:第一,工资不是由生存资料决定的,而是由资本决定的。第二,在工资基金确定后,工人的工资水平就取决于工人数量。工资基金理论阐释了工人工资增长与劳动生产效率之间的关系。该理论认为,一个国家在一定时期的资本总额是一定的,所以用来支付工资的资本即工资基金也是一定的,而且是雇主拥有的在短期内确定无法改变的。

工资基金理论的缺陷是显而易见的。实际上,工资基金所占比例和劳动力数量是随时都在发生波动的。在现实生产活动中,工资不仅可以从资本中支付,还可以从现实生产中支付,这样工资就可以通过生产的增长而增长。所以,这一理论遭到了其他经济学家的猛烈批评。1869年,穆勒本人也不得不放弃了这一理论。

4. 边际生产力工资理论

边际生产力工资理论是由美国经济学家约翰、贝茨、克拉克等提出的,一直被现代西方经济学家广为推崇。该理论认为,工资取决于劳动边际生产力。也就是说,雇主总是力图使工资和他所雇用的最后一个工人所增加的产量的价值相等。如果所增加的产量价值小于所给付的工资,雇主就不会雇用他;相反,如果所增加的产量价值大于所给付的工资,雇主就会增加雇用工人,一直到所增加的产量价值等于所给付的工资时,雇主才不会增加或减少雇用工人。这样,工人的工资水平就由最后雇用的工人的产量的价值来决定。显然,这一理论是以劳动力市场完全竞争和劳动力自由流动的理想假设为前提的。但现实情况并非如此,企业中各种复杂的因素,使得工人的边际劳动生产力难以计算。所以,工资并不决定于劳动者的边际生产力,而是在一个较长的时间内,围绕着边际生产力波动。尽管该理论有许多不足之处,但它致力于企业和厂商层次的微观分析,建立起工资和生产力之间的本质联系,开创了工资问题研究的新时代。

5. 人力资本理论

严格地说,人力资本理论,最早起源于经济学研究。20世纪60年代,美国经济学家舒尔茨和贝克尔创立了人力资本理论,开辟了关于人类生产能力的崭新思路。该理论认为,物质资本指关于物质产品的资本,包括厂房、机器、设备、原材料、土地、货币和其他有价证券等,而人力资本则体现为关于人的资本,即对生产者进行教育、职业培训等支出及其在接受教育时的机会成本等的总和,表现为蕴含于人身上的各种生产知识、劳动与管理技能及健康素质的存量总和。人力资本管理不是一个全新的系统,而是建立在人力资源管理基础之上的,综合了"人"的管理与经济学的"资本投资回报"两个分析维度,将企业中的人作为资本来进行投资与管理,并根据不断变化的人力资本市场情况和投资收益率等信息,及时调整管理措施,从而获得长期的价值回报。传统人力资源管理不仅没有过时,而且是人力资本管理的技术基础。人力资本管理正是通过整合人力资源管理的各种手段,而获得更高水平的价值实现。人力资本管理注重投资与回报之间的互动关系,并结合市场分析制订投资计划,所以更理性,对市场变化更敏感,侧重点和衡量尺度更明确,还可结合经济学分析模型进行更长远的预测,有前瞻性地采取行动。

一般而言,人力资本的投资直接影响了人力资本的存量。员工人力资本存量越高,劳动生产率就越高,因而在劳动力市场上获得的报酬也越高。从这个意义上看,该理论可以很容易解释现实中员工工资之间的差异和变动,比如学历与薪酬成正比的现象。

6. 分享工资理论

1984年,马丁·魏茨曼提出了分享工资理论。分享工资,是指对生产单位的利润分享,也可以看作分红工资。它是工人的工资与某些经济效益指标挂钩,随经济效益水平而同比例增减的劳动报酬制度。在西方经济学里,分享工资理论成为主流的工资理论。这一理论对于解决通货膨胀、扩大就业和提高产量、激励工人与劳资相融都有积极作用。

传统资本主义经济的根本弊病不在于生产，而在于分配，特别是员工工资制度。在传统工资制度中，工人的工资与厂商的经济活动无关。由于工资固定，劳动成本固定，厂商按照利润最大化原则，对市场总需求的变化做出的反应总是在产品数量方面，而不是产品价格方面。因为价格一般是按照成本加成方法确定的，成本不能变动，价格也就不能变动。一旦市场需求收缩，厂商只能减少生产，不能降价，在成本不能变动时，降价将会亏本。因此，在市场收缩、产量减少时，必然出现工人失业。

基于上述原因，魏茨曼认为，必须对现行工资制度进行改革，把工资经济改为分享经济。他将员工的报酬制度划分为工资制度和分享制度两种模式，与此相适应，资本主义经济就分为工资经济与分享经济。分享制度可能是"单纯"的，即员工的工资完全取决于企业的业绩；也可能是"混合"的，即员工的工资由有保障的工资和利润（或收入）分享基金两部分构成。大多数实际运行的分享制度，都是把以时间为基础的保障工资和某些形式的利润分享结合起来。工资中的"分享"部分通常采取年终由管理部门宣布红利的形式反映。另一种不常见的形式是，员工有权享有一定比例的企业利润。

分享工资理论改变了传统的工资分配制度，认为工资不再具有刚性，而是随利润增减而变动。目前，国内外许多企业广泛实行的利润分红制和利润提成制等薪酬分配形式充分体现了分享工资理论的现实意义。

二、激励理论

激励理论是薪酬管理理论的基础。激励是薪酬最重要的功能之一。如何通过薪酬杠杆激励员工的工作热情和工作效率，是薪酬研究、设计和管理的核心内容。合理、公平和富有竞争力的薪酬是激励员工努力工作的重要因素之一。有效的薪酬体系及其管理机制与激励之间是一个良性的互动过程。有效的薪酬机制必然激励员工以更高的数量和质量完成工作，而更高数量和质量的工作必然带来更高的薪酬。

1. 需求层次理论

以美国行为科学家马斯洛为代表的需求层次理论，分成生理需求、安全需求、社会需求、尊重需求和自我实现需求，依次由较低层次到较高层次排列。在自我实现需求之后，还有自我超越需求，但通常不作为马斯洛需求层次理论中必要的层次，大多数会将自我超越合并至自我实现需求当中。

通俗理解，假如一个人同时缺乏食物、安全、爱和尊重，通常对食物的需求是最强烈的，其他需要则显得不那么重要。此时人的意识几乎被饥饿占据，所有能量都被用来获取食物。在这种极端情况下，人生的全部意义就是吃。只有当人从生理需求的控制中解放出来时，才可能出现更高级的、社会化程度更高的需求，如安全的需求。

人的需求是多样和逐层上升的，但在某个时段，总有一种需求占主导地位。在主导需求被满足之后，人的需求就会向更高的层次发展。人的低级需求被满足之后，曾经为满足这些需求所提出的措施就不再具有激励作用。高级需求越是得到满足，越能产生令人满意的激励效果。需求层次理论基本符合人类需求的共同规律和多样性的特点。但是，具体的个体由于意识、价值观和世界观的不同，需求的满足过程并不是一个从低到高的过程。

2. 双因素理论

双因素理论是美国心理学家赫茨伯格在需求层次理论的基础上进一步发展并创立的。他通过大量的调查、访谈和研究，得出了影响员工工作态度的因素有两种：一种是促使员工对工作满意的因素，称为激励因素；另一种是导致员工对工作不满意的因素，称为保健因素。只有激励因素得以充分发挥，才能给员工带来工作满意感，并产生有效的激励作用。

双因素理论在企业制订激励计划及其措施中具有重要的参考价值，但它又是在一定的经济社会发展条件下产生的，因此，对构成"双因素"的不同方面的作用又不能绝对化。在一些国家和地区被认为是保健因素的东西，在另一些国家和地区可能是具有很强激励作用的激励因素。这是在薪酬设计与管理中应该注意的。本书在谈到薪酬的多种功能时，强调了其激励功能。双因素理论的核心在于只有激励因素才能够给人们带来满意感，而保健因素只能消除人们的不满，但不会带来满意感。因此，如何认定与分析激励因素和保健因素并"因材施政"才是关键。比如，对于销售人员的工资薪金设计，按照双因素理论，应该划分为基础工资与销售提成两部分，基础工资应属于保健因素，销售提成则属激励因素。将赫茨伯格双因素理论运用于管理，首先对各因素进行质的分析与划分，明确或创造出保健与激励因素；其次进行量的分析与划分，既保障保健因素的基本满足程度，又尽量地加大激励因素的成分，从而最大限度地激发员工工作的积极主动性。保健因素与激励因素的实质区别就在于平等因素与公平因素，凡是共同享有、共同承受、共同面对的就是平等因素；而与其工作职责目标紧密统一的，必须按工作成就分层次、分等级享有和承受的就是公平因素。凡是平等的必然是保健因素，因而必须给予基本满足；凡是公正的必然是激励因素，因而是最有激励性的，也是应该提倡与实施的。

保健因素与激励因素在量的划分，关键取决于工作性质，当工作对安全舒适度要求很高时，高工资、高福利政策则是必需的。当工作需要高外向性，必须面对艰难困苦环境时，则实施低基本工资与高机动工资就十分必要。

3. 期望理论

期望理论由美国著名心理学家和行为科学家维克托·弗鲁姆于1964年在《工作与激励》中提出。期望理论充分研究了激励过程中的各种变量，并且具体分析了激励程度与各种变量之间的关系。当人们预期到某一行为能给个人带来既定结果，且这种结果对个人具有足够吸引力时，个人才会采取这一特定行为。期望理论包括三种变量的联系：①努力与绩效的联系，即个人感觉通过一定努力而达到工作绩效的可能性；②绩效与奖赏的联系，即个人对达到一定工作绩效后可能获得理想奖赏结果的信任程度；③奖赏与满足的联系，即工作绩效达到所获得奖赏对个人需求的满足程度。显然，只有当个人感到这三种联系十分密切时，才会受到充分的激励。

期望理论也存在明显不足，一是忽略了个人能力因素；二是无法解释高成就需要者行为的激励现象，他们的行为动力直接源于个人目标的追求，而并不在乎获得的绩效和企业的奖励；三是仅从人的内部因素来考察影响个体的行为，而实际上人的行为同时受到许多外部因素的影响。

期望理论提出了目标设置与个人需求相统一的理论。它假定个体是有思想、有理性的人，对于生活和事业的发展，个体有既定的信仰和基本的预测。因此，在分析激励员工的因素时，必须考察员工希望从企业中获得什么及如何能够实现愿望。期望理论也是激励理论中为数极少的量化分析理论，其并不满足于对问题的定性说明，还非常重视定量分析。通过对各种权变因素的分析，正确说明了个体在多种可能性中所做出的选择。也就是说，个体的行为选择通常是效用最大的，或者说个体的现实行为是其激励力量最大的行为选择。

4. 公平理论

亚当斯的公平理论认为，每个员工不仅关心工作所得绝对报酬，而且关心相对报酬。员工经常会把自己所得报酬与付出劳动之间的比例与他人进行比较，也会与自己过去的比例进行比较。如果员工认为自己的比例和他人及自己过去相同,则会产生公平感。实际上,在一般情况下,如果员工认为自己的比例高于他人及自己过去,也不会产生不公平感。因为主观上人们都容易高估自己的付出而低估自己的所得,或高估他人的所得而低估他人的付出。但是,如果员工认为自己的比例低于他人及自己过去,则会产生不公平感,并努力采取行动试图纠正。这种纠正行动带来的往往是负面的工作绩效。

公平理论的最大缺陷是对可供参照和比较的相关因素没有确定的分析和进一步研究,使现实中的对比往往产生偏离。

第三节 薪酬功能

一、激励功能

企业通过支付给员工不同的薪酬来评价员工的个人素质、能力、工作态度和工作效果等。合理的薪酬可以促进员工产生更高的工作绩效,更高的工作绩效又会为员工带来更高的薪酬。合理的薪酬不仅可以满足员工低层次的需求,而且可以满足其高层次的需求,从而产生不同的激励效果。从心理学的角度来说,薪酬是个人和企业之间的一种心理契约,这种契约通过员工对薪酬状况的感知来影响员工的工作行为、工作态度和工作绩效,即产生激励作用。

根据马斯洛的需求层次理论,员工对于薪酬的需求在五个层次上都有所表现:第一,员工期望所获得的薪酬能够满足基本生活需求;第二,员工期望薪酬收入更加稳定或稳定的薪酬收入部分有增长;第三,员工期望薪酬收入与同事之间具有可比性,得到公平对待;第四,员工期望获得比他人更高的薪酬,以作为对个人能力和所从事工作价值的肯定;第五,员工期望获得能过上更富裕、更高质量生活所需要的薪酬。一般情况下,在员工的低层次薪酬需求得到满足以后,通常会产生更高层次的薪酬需求,且员工的薪酬需求往往是多层次并存的。因此,企业必须注意同时满足员工不同层次的薪酬需求。

二、保障功能

员工通过劳动获得薪酬来维持基本生存需要,以保证自身劳动力的再生产。同时，员工还要通过薪酬来进修学习等，以实现人力资本的增值。因此，薪酬是保证企业人力资源生产和再生产的基本因素。从经济学角度来说，薪酬就是劳动力这种生产要素的价格，其作用就是通过市场将劳动力尤其是具有一定知识、技能和经验的稀缺人力资源配置到不同的用途。薪酬最终表现为企业和员工之间达成的一种供求契约，企业通过员工工作来创造市场价值，并对员工的贡献提供经济回报。在市场经济条件下，薪酬是大多数劳动者的主要收入来源，员工薪酬水平对个人及家庭的生存状态和生活方式具有重要影响。

三、调节功能

薪酬差别是企业实现人力资源合理流动和配置的重要"调节器"。一是企业可以通过薪酬的变动和倾斜，将企业目标和管理者意图传递给员工，使员工个人行为与企业期望的行为最大限度地趋于一致，并引导员工合理流动，调整企业生产和管理环节上的人力资源，实现企业资源的高效配置。二是企业通过制定有效的薪酬差别水平，吸引更多的急需人力资源。三是促进战略的实现，改善经营绩效。薪酬不仅对员工的工作行为、工作态度和工作业绩具有直接影响，而且决定了企业能招聘的员工数量和质量，以及人力资源存量。如何通过薪酬调节来改善企业经营状况，是企业薪酬管理的一项重大课题。

四、增值功能

薪酬作为企业用于交换员工劳动的一种成本投入，实际上是对劳动要素的数量和质量的一种投资，与其他资本投资一样，是为了带来预期大于成本的收益。

薪酬是一种成本。企业的最主要目的是获得利润，在企业的经营收入和其他成本不变的情况下，作为经营成本一部分的薪酬成本越低，企业能够获得的利润就会越高。虽然薪酬成本在不同行业和企业经营成本中所占比例不同，但其仍然是经营成本中最重要的组成部分之一。

薪酬是一种投资。薪酬能够发挥吸引、留住、激励和开发员工的作用，引导员工表现出企业需要的正确行为和结果，帮助企业实现战略目标，提升绩效并获得更高的利润。换言之，降低成本并非提高利润的唯一方式，薪酬成本增加能够为企业吸引更多的人才，并创造更大的价值，达成更高的生产率，从而获得更高的利润和更大的投资回报率。企业应该在薪酬成本和经济效益之间寻找最佳的平衡点。

薪酬的社会目标主要表现为促进经济发展、维护社会公正和平衡政治利益。

薪酬应当有利于经济发展。首先,薪酬在经济中有着非常重要的地位,薪酬水平会直接影响国民经济。其次,薪酬是劳动力市场的价格信号,一个国家的人力资源正是通过这种市场信号配置不同的企业、岗位等,同时很多人力资本决策也受到薪酬的影响。

薪酬应当有助于促进社会稳定。劳动者的总体薪酬水平是衡量一个国家社会经济发展水平的重要指标。合理的薪酬可以提高人民生活质量,促进社会繁荣。一旦薪酬分配不合理,尤其是提供的保障功能不足,则可能引发许多社会问题。正是因为薪酬的这一作用,世界各国对薪酬都很重视,市场经济国家从早期的薪酬不干预政策转变为制定一系列法律法规来确保薪酬管理的规范,如制定最低工资、促进同工同酬、反收入分配歧视等。

薪酬应当有助于平衡各方面利益诉求。企业、员工、工会在面对收入分配、资本和劳动之间的矛盾等问题时,都可能提出利益诉求和解决方案。

第三章　薪酬体系设计

在大多数薪酬体系中，基本薪酬是最基础的组成部分，不仅反映了薪酬与企业和职位设计之间的关系，而且是确定可变薪酬或间接薪酬的基础。总之，基本薪酬决定了企业的薪酬体系性质，是企业实现薪酬内部一致性的主要手段。

企业可以从职位、技能、能力中选择一个因素作为薪酬体系的依据。本书将以职位、技能和能力为基础确定基本薪酬的薪酬体系分别称为职位薪酬体系、技能薪酬体系和能力薪酬体系。在实践中，企业可以只选用一种薪酬体系，也可能同时使用几种薪酬体系。不同的薪酬体系有不同的适用对象、不同的特点和导向性，同时也有各自的优点和缺点。

第一节　薪酬体系

薪酬体系指薪酬的构成和分配方式，是企业人力资源管理体系中的重要组成部分。一般而言，员工的薪酬包括基本薪酬（即本薪）、奖金、津贴、福利四个部分。目前，薪酬体系主要有职位薪酬体系、技能薪酬体系、能力薪酬体系。

一、职位薪酬体系

1. 概念

职位薪酬体系是根据对各职位所要求知识、技能、工作职责等相关维度价值的评估结果，将所有职位归入不同的薪酬等级，每个薪酬等级包含若干综合价值相近的一组职位。然后根据市场上同类职位的薪酬水平确定每个薪酬等级的工资率，并在此基础上设定每个薪酬等级的薪酬范围。

职位薪酬体系主要是针对基础薪酬的薪酬系统，是传统的确定员工基本薪酬的制度，它的特点是只考虑职位本身的因素，很少考虑人的因素。

2．优点和缺点

（1）优点。

①实现了同工同酬，体现了按劳分配原则。

②有利于按照职位系列进行薪酬管理，操作较简单，管理成本低。

③晋升和基本薪酬增加之间的连带性加大了员工提高自身技能和能力的动力。

④更容易实现客观和公正。

（2）缺点。

①由于薪酬与职位直接挂钩，因此当员工晋升无望时，工作积极性会受挫，甚至出现消极怠工或离职现象。

②不利于企业对于多边外部环境迅速做出反应，也不利于及时激励员工。

③强化职位等级间的差别，可能会导致官僚主义，员工可能更看中获得某个级别的职位，而不是提高个人工作能力和绩效水平，不利于提高员工的工作适应性。

④不利于员工的横向流动和工作灵活性。

3．实施条件

实施职位薪酬体系应对以下情况做出评价：

（1）职位内容是否已经明确化、规范化、标准化。

（2）职位的内容是否基本稳定，在短期内不会有较大的变动。不能因为职位内容的频繁变动而使职位薪酬体系的相对稳定性和连续性受到破坏。

（3）是否具有按个人能力安排职位或工作岗位的机制。

（4）企业中是否存在相对较多职级。职级数量应满足企业为员工提供合适的晋升通道。

（5）企业的薪酬水平是否合理。

4．设计步骤

（1）收集关于工作性质的信息进行工作分析。

（2）按照工作的实际执行情况进行确认，界定和编写工作说明书。

（3）对职位进行价值评价，即进行工作评价。

（4）根据工作内容和相对价值进行排序。

二、技能薪酬体系

1. 概念

技能薪酬体系指企业根据员工所掌握的与工作有关技能来支付基本薪酬的制度。这种薪酬制度适用于工作较具体且能够被界定的操作人员、技术人员和办公室人员。技能薪酬体系通常分为深度技能薪酬和广度技能薪酬。

2. 优点和缺点

（1）优点。

①激发员工进取精神，增强企业技术创新能力。

②引起企业结构和企业价值观的变化。

③有利于保证关键员工的稳定性。

（2）缺点。

①培训问题。可能涉及培训资源分配公平性、培训需求准确性等问题。

②成本控制问题。技能与企业发展需求不匹配，使员工技能闲置。技术进步、市场变化可能导致一些技能过时，从而使人力成本增加。

③设计、管理和岗位配置困难。主要体现在以下几个方面：

A. 设计难。技能模块的建立难，技能模块的建立直接影响设计目标能否有效达到；技能模块的定价难，在当地劳动力市场上找到相关技能薪酬基准十分困难。

B. 管理难。追踪和更新员工的技能模块会增加管理难度。

C. 岗位配置难。企业进行岗位配置时要有弹性并能及时调整。

三、能力薪酬体系

1. 概念

能力薪酬体系指企业根据员工所具备能力或任职资格来确定基本薪酬水平，其中基于岗位的能力为主要因素。

2. 设计类型

（1）核心能力模型

这种能力模型是适用于整个企业，常与企业的使命、愿景和价值观保持高度一致。

(2) 职能能力模型。

这是一种围绕关键业务职能（如财务管理、市场营销、生产制造等）建立的能力模型。适用于同一职能领域中的所有员工。

(3) 角色能力模型。

这种能力模型适用于企业中的某些特定职位，如技师、经理等，团队领导用一套能力模型，团队员工则用另一套能力模型。

(4) 职位能力模型。

这是一种适用范围最窄的模型，它只适用于单一类型职位。这种能力模型所针对通常是企业中有很多人从事的一类职位。

第二节　薪酬体系设计原则

一、公平与效率兼顾原则

尽管企业鼓励员工以更高的效率获得更高的报酬，但过大的薪酬差别容易导致不公平。员工对薪酬的不满意往往不是薪酬的绝对数额，而是薪酬的相对公平。所以在设计薪酬体系时，既要考虑效率，又要考虑公平。公平可以分两个层次：一是外部公平性，指同一行业或同一地区或同等规模的不同企业，相同或类似职位的薪酬应大致相同；二是内部公平性，指同一企业中的不同岗位或不同项目或不同任务小组的薪酬与贡献比例应尽量一致。

二、激励性原则

公平并不意味着平均，因为每个人的能力和努力程度是不同的。企业在设计薪酬体系时，首先要考虑公平，薪酬机制只有建立在公平的基础上，才可能产生激励作用。企业应根据需要的知识、技能和承担的责任与风险等因素，合理设置薪酬差别，体现贡献与收益相匹配。

三、竞争性与薪酬成本最低化原则

企业的竞争归根结底是人才的竞争。为了吸引、留住和激励优秀人才，富有竞争力的薪酬是重要的因素之一。企业设计薪酬体系时，必须保证薪酬水平与劳动力市场的平均水平相差不大。在市场经济条件下，企业的薪酬水平必然要受到企业自身经济效益的制约。高水平薪酬固然可以提高企业在人才竞争中的优势，但会导致企业人力成本上升。在员工绩效没有同步提高的情况下，则可能导致企业产品或服务竞争力下降，影响企业的经济效益。

第四章　薪酬水平与薪酬调查

第一节　薪酬水平

一、薪酬水平概念

薪酬水平指企业之间的薪酬关系，企业相对于其竞争对手的薪酬高低。一个企业所支付的薪酬水平会直接影响企业在劳动力市场上获取劳动力的能力。因此，薪酬的外部竞争性是指一家企业的薪酬水平及由此产生的企业竞争力。需要指出的是，薪酬的外部竞争性不是一个笼统的概念，比较基础为不同企业中的类似职位或类似职位族。笼统地甲企业的平均薪酬水平比乙企业高来判断甲企业薪酬的外部竞争性一定比乙企业强，就有可能犯错。这是因为，如果甲企业的平均薪酬水平很高，但企业内部薪酬差别很小，而乙企业虽然平均薪酬水平低于甲企业，但企业中重要职位的薪酬水平远高于甲企业，而不重要职位的薪酬水平则低于甲企业，那么乙企业劳动力市场上雇用能够从事重要职位工作的劳动者的竞争力更强。

另外，薪酬的外部竞争性与外部劳动力市场相联系，所以外部竞争性可以用"市场推动"来替代。比如，根据公司内部的职位评价，公司财务经理和人力资源经理的重要性和价值相似，两个职位的薪酬水平应大致相同，但如果外部劳动力市场中人力资源经理人员短缺，则其职位在劳动力市场的薪酬就超过了财务经理。在这种情况下，企业就需要决定根据企业内部职位评价来确定薪酬，还是根据外部劳动力市场来确定薪酬。

二、薪酬水平的作用

1. 吸引、留住和激励员工

薪酬水平在企业吸引和留住员工方面具有重要作用。如果企业的薪酬水平过低,则很难雇用合适的员工,或雇用的员工数量或质量不尽如人意。过低的薪酬水平还可能导致企业中原有员工的忠诚度下降,另谋高就的可能性上升。如果企业的薪酬水平较高,一方面可能雇用到合适的员工,另一方面有利于员工的稳定性。

此外,较高的薪酬水平还有利于防止员工的机会主义行为,激励员工努力工作,降低企业的监督管理费用。这是因为,一旦这种偷懒或消极怠工的行为以及对公司不利的其他行为被公司发现并导致员工被解雇,员工就很难再找到其他能够获得类似薪酬的新职位。

2. 控制劳动力成本

薪酬水平和企业的劳动力成本密切相关,尤其是在一些劳动密集型企业和以低成本为竞争手段的企业中。显然,在其他条件一定的情况下,薪酬水平越高,企业的劳动力成本就会越高,则提供与竞争对手相同或类似产品、服务的成本也就越高,其在市场上的竞争力就会越弱(除非较高的薪酬导致生产率出现更高的增长)。市场竞争日益激烈,大多数产品和服务供过于求,消费者对产品的价格比较敏感。在这种情况下,控制劳动力成本对于企业十分重要。

3. 塑造企业形象

薪酬水平对塑造企业形象的意义重大。它不仅体现了企业在特定劳动力市场上的定位,也显示了企业的支付能力和对人力资源的态度。企业的薪酬水平会增强消费者对企业及其产品和服务的信心,从而增强企业竞争力。

三、薪酬水平策略

面对特定的竞争环境,企业需要针对薪酬水平的制定做出战略性决策:薪酬水平高于市场平均水平还是与市场平均水平持平或稍低。常见的薪酬水平策略有以下几类。

1. 领先型薪酬策略

领先型薪酬策略又称薪酬领袖政策。采用这种策略的企业通常具有以下特征：规模较大，投资回报率较高，薪酬成本在企业经营总成本中所占的比例较低，在产品市场上的竞争者少。首先，大型企业或投资回报率高的企业之所以能够向员工提供较高的薪酬，一方面在于它们往往具有更多的资金和相应的实力，因而不会因为员工薪酬水平高而造成资金周转不灵；另一方面，这种做法能够提高企业吸引和保留高质量劳动力的能力，同时还可以利用较高的薪酬水平来抵消工作本身所具有的种种不利特征，比如工作压力大或工作条件差等。其次，当薪酬成本在企业总成本中所占的比例较低时，薪酬支出实际上只是企业成本支出中一个相对不那么重要的项目。在这种情况下，企业很可能会乐意通过提供高薪酬的水平来减少各种相关劳动问题，从而把更多的精力投入那些较薪酬成本控制更重要和更有价值的项目中。最后，在产品市场上的竞争者少，一般意味着企业面临的产品或服务需求曲线是弹性较小甚至是无弹性的，用非学术语言来讲，即企业可以提高产品价格，而不用担心消费者会减少对自己的产品或服务的消费。换言之，这种企业实际上可以通过提高产品价格将较高的薪酬成本转嫁给消费者。在这种情况下，企业支付较高的薪酬水平自然就是可行的。

在实践中，像苹果、微软等这样一些大型跨国企业的薪酬领袖政策已经是众所周知的。在我国，许多企业也在开始向这方面发展，其中较早采用这种薪酬策略的企业之一是华为公司。这家以电话程控交换机及其相关产品的研发、生产和营销为支柱的企业，在发展初期及其之后的相当长一段时间内，明确地提出了让在公司工作的员工拿到与在外企甚至国外工作的同类员工等值的收入。实践证明，这一策略帮助华为获得了大量的创造性人才，对公司在产品市场上与同类外资企业抗衡起到了重要作用。

2. 跟随型薪酬策略

跟随型薪酬策略是力图使企业的薪酬成本接近竞争对手，使企业吸纳员工的能力接近竞争对手。采取这种薪酬政策的企业面临的风险可能是最小的，它能够吸引足够数量的员工为企业工作，不过对于吸引十分优秀的求职者没有优势。一般来说，在竞争性劳动力市场上，实施跟随型薪酬策略的企业由于没有独特优势，往往会参加大型招聘会，通过多花时间、广泛搜寻的方式来招聘优质员工。另外，企业还要随时根据外部市场的变化调整薪酬，然而这种调整常常存在时滞性，企业往往在一些优秀员工离职后才发现薪酬水平已经落后于市场。因此，采用跟随型薪酬策略的企业必须坚持做好市场调查，以确切掌握最新的市场薪酬水平。

3. 滞后型薪酬策略

滞后型薪酬策略是企业的薪酬水平低于竞争对手或市场薪酬水平的策略。采用滞后型薪酬策略的企业大多处于竞争性产品市场中,边际利润率比较低,成本承受能力很弱。受产品市场中较低利润率的限制,没有能力为员工提供高水平的薪酬,是企业实施滞后型薪酬策略的一个主要原因。当然有些时候,滞后型薪酬策略的实施者并非真的没有支付能力,而是没有支付意愿。

显然,滞后型薪酬政策对于企业吸引高质量员工来说是非常不利的,而且在实施这种策略的企业中,员工的流失率往往比较高。这是因为,较低的工资水平在短期内可能会由于信息不对称或信息流动速度较慢等而不为员工知晓,但长期来看,员工早晚会掌握这种信息。此外,员工由于存在获取收入的迫切需求,可能会临时接受一些比市场水平低的薪酬,一旦这种需求变得不那么迫切,他们就会试图寻找更有利的就业场所。虽然滞后型薪酬策略会削弱企业吸引和留住潜在员工的能力,但如果企业以提高未来收益作为补偿,则这种做法反而有助于提高员工对企业忠诚度,培养他们的团队意识,进而改善绩效。比如,在一些高科技企业中支付给员工的基本薪酬可能低于市场水平,但员工可以获得企业的股票或者股票期权。这种将滞后型薪酬策略和未来的较高收入结合在一起的薪酬组合,不仅不会影响企业的员工招募和保留能力,反而有助于增强员工的工作积极性和责任感。此外,这种薪酬水平策略还可以通过与富有挑战性的工作、理想的工作地点、良好的同事关系等其他因素相结合而得到适当的弥补。

4. 混合型薪酬策略

混合型薪酬策略是指企业根据职位或员工的类型或总薪酬的不同组成部分,分别制定不同的薪酬水平策略,而不是对所有的职位和员工均采用相同的薪酬水平策略。比如,有些公司针对不同的职位族使用不同的薪酬水平策略,对核心职位族采取领先型薪酬策略,而在其他职位族中则实行跟随型或滞后型薪酬策略。此外,有些公司还在不同的薪酬构成部分实行不同的薪酬水平策略。举例来说,某公司可能会制定这样一项新的薪酬方案,员工的基本薪酬水平较市场上的平均薪酬水平降低3%,但是如果员工所在部门的经营利润超过了某一目标,他们就有机会得到最高相当于一个月工资的奖金,虽然这家公司的基本薪酬水平比市场水平略低,但是在经营绩效较好的情况下,考虑到奖金的增加,该公司的薪酬水平实际上还是高于市场水平的。这种策略的目的在于鼓励员工提高生产率。

混合型薪酬策略最大的优点就是具有灵活性和针对性。对于劳动力市场上的稀缺人才和企业希望长期保留的关键职位上的人员采取领先型薪酬策略，对于劳动力市场上的富余劳动力和鼓励流动的职位上的员工采取跟随型或滞后型薪酬策略，既有利于保持公司在劳动力市场上的竞争力，又有利于合理控制公司的薪酬成本。

四、薪酬水平的影响因素

薪酬水平调整是保持薪酬结构、等级要素、构成要素等不变，调节薪酬结构每一等级或每一要素的数值。薪酬水平的影响因素包括劳动力市场、产品市场和资本市场，可以采用其中一种依据，也可以以其中一种依据为主，其他依据为辅。

1. 劳动力市场

（1）劳动力市场运行。

劳动力市场是企业为了生存而必须参与运行的三大市场之一（另外两个市场是资本市场和产品市场，如图4.1所示）。企业在劳动力市场上对具备相关技术和能力的劳动者展开的竞争，是对企业薪酬水平产生影响的一个重要因素。

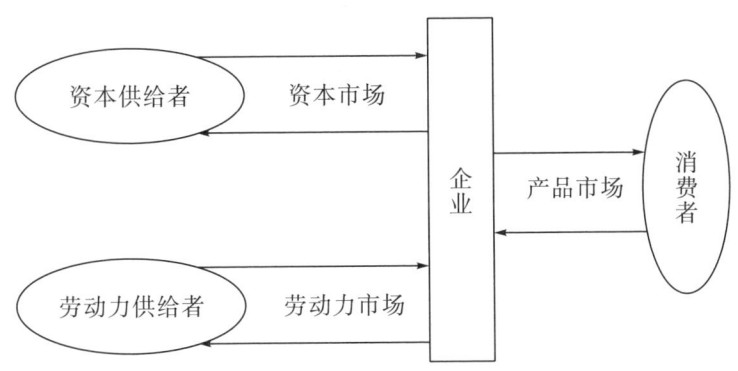

图 4.1　企业参与运行的三大市场

劳动力市场的作用在于将稀缺的人力资源配置到各种不同的生产用途上，其运行结果就是薪酬水平和雇用水平等。在劳动力市场上，买方即需求方，是企业或雇主；卖方即供给方，是员工或劳动者。在正常情况下，劳动力市场上总是有众多的供给方和需求方，所以劳动力市场上任何一方做出的决策都会受到他人决策和行为的影响。此外，劳动力供求双方的相互作用会产生一个均衡工资率或市场工资率，而市场工资率的变动又会对未来的劳动力需求和供给产生影响。与产品市场相比，劳动力市场具有一定的特殊性。一是劳动力无法储存，在劳动力质量一定的情况下，劳动者的唯一资源是时间，这种时间如果不能利用，则无法储存；二是劳动力每时每刻都在变化，它是随着劳动者的工作能力而变化的；三是劳动力供给者与劳动力是无法分离的，劳动力供给者能够在工作过程中控制实际提供劳动力服务的数量和质量。在这种情况下，劳动力市场上的供求双方就劳动力的买卖所达成的契约即劳动合同实际上是一种不完善的供求契约，而劳动力价格也是一种不完善的价格。购买劳动力的企业遇到的困境是：劳动力服务的实际成本是由企业产出成本决定的，因而无法事先定价，然而劳动力供给者又要求必须事先定价，因此企业必须在实际议价之前确定价格。这种价格取决于购买者对劳动力服务数量和质量进行的估算，其准确性可以从今后的单位产品成本中推导出来。劳动力供给者在决定接受价格时同样面临困难，因为他们可能只知道某个特定职位的市场工资率，而对于企业能够提供的工作条件、具体工作完成方式等不清楚。

（2）劳动力需求。

企业对劳动力的需求是从消费者对产品或服务的需求中派生的，因而劳动力需求是关于劳动力价格和质量的函数。在短期劳动力需求决策中，最重要的两个概念是边际成本和边际收益（或边际收益产品）。劳动力的边际收益是指在其他条件保持不变的情况下，增加一个单位的人力资源投入所产生的收益增量。劳动力的边际成本则等于劳动力的市场工资率。于是，利润最大化的劳动力需求水平即企业雇用的最后一个单位劳动力的边际收益等于为雇用劳动力支付的薪酬水平。当雇用一位员工的边际收益大于边际成本时，企业就应该继续雇用员工；而当雇用一位员工的边际成本高于产生的边际收益时，企业就不应该再雇用这位员工了。换言之，企业劳动力需求的原则是雇用的边际成本等于边际收益。

具体到薪酬管理的实际工作中，企业需要做到两件事：一是确定市场薪酬水平，二是确定每一位潜在新员工可能产生的边际收益。然而现实世界远非理论中所假设的那样简单。一方面是市场薪酬水平的确定问题，由于劳动力市场上的供给方与需求方之间的竞争程度不确定，劳动力不可能完全同质（即质量不完全相同），此外，并非所有企业都是利润最大化的追求者，因此，对市场薪酬水平的把握很难做到非常精确。另一方面是对员工的边际收益的预测问题，主要表现在两个方面：其一，为每一位员工生产的产品或服务定价很困难。因为许多产品和服务是经过具有不同能力的劳动者共同努力才生产出来的，在劳动力不同质的情况下，确定单个员工创造的价值很困难。其二，创造价值的除劳动力外，还有资本和其他生产要素，要想分离出在生产过程中共同创造价值的其他生产要素所产生的价值是非常困难的。因为对边际成本和边际收益进行直接衡量比较困难，所以企业常使用其他要素来估计边际收益，如报酬要素、职位评价、技能以及能力评价等。不过利用这些要素实际上是从投入的角度来确定边际价值的，而不是从产出角度。此外，限定某等级职位的最高薪酬水平以及采取绩效加薪等做法，实际上是企业力图对员工给企业带来的边际收益进行评价的又一种尝试。虽然企业可能并未从理论的高度去把握自己的薪酬决策，但是它们实际上很清楚，某一等级的员工所能够获得的最高薪酬水平不能高于他的边际收益，员工薪酬水平的增长不能超过其生产率的增长。

（3）劳动力供给。

劳动力供给指特定的人口群体所能够承担的工作总量。一般来说，劳动力供给受四个因素的影响。

①劳动力参与率。指一个国家或社会中 16 岁以上人口中的经济活动人口总量：

$$劳动力参与率 = \frac{有工作的人数 + 正在找工作的人数}{16 岁以上人口} \times 100\%$$

具体到微观层面，劳动力参与率主要取决于单个家庭做出的劳动供给决策，其影响因素有家庭经济状况、年龄、性别、受教育程度等。以受教育程度为例，研究表明，在其他条件相同的情况下，特定劳动力群体的受教育程度越高，劳动力参与率相应越高。

②员工愿意提供的工作时长。在实践中，虽然工作时间的安排通常都是法定的或由企业确定的，且周工作时间基本固定，但由于市场上存在越来越多的工时制度安排，因此劳动者实际上可以通过选择企业或职业表达自己对于工作时间的偏好。劳动经济学认为，工作决策实际上是一种时间利用方式的选择，即劳动者就工作时间的决策可以视为在工作和闲暇之间进行选择的结果。市场工资率的上升会给劳动者带来替代效应和收入效应，替代效应鼓励员工增加劳动力供给时间，收入效应鼓励员工减少劳动力供给时间。通常情况下，当工资率的绝对水平较低时，工资率上升的替代效应大于收入效应；当工资率水平达到比较高的程度时，收入效应大于替代效应的可能性就会增加。

③员工受过的教育训练及技能水平。前两个因素决定了劳动力供给数量，但是劳动力供给还有质量要求，而且质量要求比数量要求更重要。决定劳动力质量的重要因素是劳动力队伍所受过的教育训练，即人力资本投资。人力资本投资的具体形式包括积累经验、接受正规教育、在职培训、健康投资、居住地迁移、劳动者及其家庭的教育投资决策及企业的培训投资决策等。在其他条件类似的情况下，员工的受教育程度越高、所接受的训练越多、积累的经验越多，其收益能力就会越强，所得到的薪酬水平就会越高。

④员工在工作过程中的实际努力水平。劳动力的数量和质量都是一种静态的存量，如何将其转化为流量（即劳动者将其具备的知识和技能转化为生产力），取决于企业的总体制度尤其是激励水平，如员工与工作之间的匹配性、绩效管理制度是否完善、薪酬水平和薪酬制度是否合理等。

2. 产品市场

大多数企业同时存在于三个市场中。产品市场的变化会通过市场传导机制影响劳动力市场，从而对企业薪酬的外部竞争性产生影响。一般来说，劳动力市场确定了企业薪酬水平的下限，产品市场确定了企业薪酬水平的上限。产品市场中影响企业薪酬水平的因素主要有以下两个方面：

（1）产品市场的竞争程度。

产品市场的竞争程度通常划分为完全竞争、垄断竞争、寡头、垄断。完全竞争和垄断是两种极端的市场结构，在现实中较少见。最常见的是垄断竞争，即产品既与其他企业有一定差异（而具有一定的垄断性），又存在一定的可替代性（具有一定的竞争性）。处于完全竞争或接近完全竞争市场中的企业若没有能力提高产品价格，就会面临销售量迅速下滑的问题；而在产品市场中处于垄断或接近垄断地位的企业，在一定范围内可以确定产品价格。然而，如果产品价格过高，其他企业就会想方设法进入市场，促使产品市场向自由竞争演变，那么原有企业的垄断优势就不复存在了。

毋庸置疑，产品市场的竞争程度对薪酬水平的影响是相当大的。如果企业在产品市场上处于垄断地位，就能够获得超出市场平均利润水平的垄断利润，利润的增加为企业在劳动力市场上的薪酬决策提供了强有力的保障，足以保证企业向员工提供高出市场水平的薪酬。一旦垄断地位丧失，企业无法将因高水平薪酬所产生的成本负担通过较高的价格转嫁给消费者，企业支付高薪的基础就不复存在了。当企业处在完全竞争或类似完全竞争的环境中时，其薪酬水平往往与市场平均水平接近。

(2) 产品市场的需求水平。

假定企业可以利用的技术、资本和劳动力供给保持不变，如果产品市场对某企业所提供的产品或服务的需求增加，那么在产品或服务价格不变的情况下，企业能够出售更多的产品或服务。为了实现对利润最大化的追求，企业自然会相应提高产量水平、规模（或产出）效应，在给定的薪酬水平下增加对劳动力的需求量（只要资本和劳动力的相对价格不变，就不存在替代效应），而这必将进一步带来企业支付实力的增强和员工薪酬水平的提高。在竞争性的市场中，产品市场对某企业产品的需求增加可能出于多种原因：一是企业通过广告或者其他手段来宣传企业产品或服务与竞争对手的差异性，从而培养消费者的偏好；二是虽然市场上存在多个同类产品竞争者，但产品属于畅销产品或新产品，其市场容量足够大，一方面产品生产者之间存在竞争，另一方面各企业共同做大了市场，并从市场的培育中获利。

3. 资本市场

产品市场和劳动力市场状况为企业薪酬水平决策提供了一个基本可行的空间，但是具体的企业要素，如企业的规模、所处行业、经营战略以及所在的地理区域等则会直接影响企业的支付能力，进而决定其实际薪酬水平。

(1) 行业因素。

企业所能够支付的薪酬水平显然会受到企业所在行业的影响，而行业特征中对薪酬水平产生最大影响的因素可能是不同行业所具有的技术经济特点。一般情况下，在规模大、人均占有资本投资比例高的行业中，比如软件开发、生物医药、遗传工程、电信技术等，人均薪酬水平会比较高。这是由以下三个方面的因素造成的。其一，越是资本密集的产业，对资本投资的要求就越高，这会对新企业的进入造成一种限制，易于形成卖方垄断的结构。其二，高资本投入的行业往往要求从业者具有较高水平的人力资本投资，这是因为存在一种资本—技能互补假设，即资本越昂贵，则企业越需要雇用具有高人力资本投入从而有较高知识技能的人来运用这些资本，唯有如此，才能保证这些资本产生最大的效益。其三，资本与劳动力的比例较高，意味着劳动报酬在企业总成本中所占比例相对较小，资本的利润较高，从而有能力支付较高的薪酬。相反，那些对资本投资的要求低、新企业容易进入和以竞争性市场结构为特征的行业，其人工成本占总成本的比例也较高，所以一般属于低工资行业。

(2) 企业规模。

研究表明，在其他因素类似的情况下，大企业的薪酬水平往往要比中小企业高。在大企业中工作的员工不仅获得的薪酬较高，薪酬随工作经验上升的速度也更快。主要有以下几个原因：

其一，在大企业中采用长期雇用的做法往往比在中小企业更有优势，也更有必要。大企业通常更多地采用具有较高依赖性的生产技术，如果员工流动率过高，尤其是熟练程度较高、熟悉公司运行规则的员工的流失，必然会给企业带来双重损失：资深员工流失造成生产率降低，增加雇用新员工的成本以及新员工的适应成本。因此，降低员工的辞职率以及确保空缺职位能够得到迅速填补是大企业非常关心的问题。由于提供高水平的薪酬对于上述目标的实现无疑是很有帮助的，企业决定向员工支付较高水平的薪酬便是一件很自然的事情。

其二，大企业更有动力去培训员工，员工的人力资本投资增加必然会提高薪酬水平。

其三，企业规模越大，对员工工作进行监督越困难，企业就越希望找到其他方式来激励员工。大企业为员工提供职业保障的能力加上这种效率工资的制度安排，对于员工的保留和激励都是非常有效的。

其四，大企业更偏重资本密集型生产，具有较高的薪酬支付能力。

（3）企业经营战略与价值观。

企业经营战略对薪酬水平决策的影响是非常直接的。如果选择实施低成本战略，企业必然会尽一切可能降低成本，其中包括薪酬成本。这样的企业大多为劳动密集型行业，边际利润偏低，盈利能力和支付能力都较弱。实施创新战略的企业为了吸引有创造力的员工，则选择使用较高的薪酬吸引优秀员工，从而创造高水平收益。

此外，企业的价值观对薪酬水平决策也有很大影响。如果企业仅仅将员工看成创造价值的一种生产要素，则通常不会主动提高员工的薪酬；如果企业将员工看成合作伙伴，则往往会在能力范围内主动提高员工的薪酬，以体现共享企业经营成果的观念。

第二节　薪酬调查

一、薪酬调查概念

在前面的讨论中我们多次提到，大多数企业在制定薪酬水平策略、确保薪酬的外部竞争性时，都以市场薪酬调查数据为依据。薪酬调查就是企业通过收集信息来判断其他企业的总体薪酬状况。这种调查能够向实施调查的企业提供市场上的各种相关企业（包括竞争对手）薪酬水平和薪酬结构等方面的信息。这样，实施调查的企业就可以根据调查结果来确定薪酬水平，并根据企业战略来调整薪酬水平和薪酬结构。

二、薪酬调查的类型

一般来说，组织薪酬调查的主体有很多，如政府、行业和专业协会、咨询公司、企业家联合会及企业等。从调查方式来看，薪酬调查可分为正式薪酬调查和非正式薪酬调查。

从调查的组织者来看，正式薪酬调查又可分为商业性薪酬调查、专业性薪酬调查和政府薪酬调查。商业性薪酬调查一般由咨询公司完成，其中有的是应客户需要对某一行业进行的调查，有的是咨询公司为获利而主动进行的调查。专业性薪酬调查是由专业协会针对薪酬状况所进行的调查。例如，美国管理学会（American Management Association，AMA）的一项业务就是调查并提供各行业管理人员和专业人员的薪酬状况。政府薪酬调查是指由相关政府部门进行的薪酬调查。例如，美国劳工统计局（Bureau of Labor Statistics，BLS）每年都要进行地区性的薪酬调查、行业性的薪酬调查，以及针对专业人员、管理人员、技术人员和办事员的薪酬调查。

三、薪酬调查的目的

对于大多数企业来说，特定职位的薪酬水平是在薪酬调查的基础上确定的。薪酬调查的目的除确定基准职位的薪酬水平外，还有增强对竞争对手的了解。

具体来说，企业一般希望通过薪酬调查实现以下几个方面的目的。

1. 调整薪酬水平

大多数企业都会定期调整薪酬水平，调整的依据一般包括生活成本变动、员工的绩效改善、企业的经营状况与支付能力等。另外，企业还会通过薪酬调查来了解竞争对手，并有针对性地制定薪酬调整对策，以避免在劳动力市场竞争中处于不利地位。

2. 调整薪酬结构

通过内部职位评价得出的薪酬结构与从外部市场得出的薪酬结构之间可能存在不一致，而平衡两种薪酬结构至关重要。企业必须根据经营环境和战略目标做出明智的判断和选择。由于竞争环境的变化，越来越多的企业从对内部一致性的强调转移到对外部竞争性的重视。外部薪酬调查的主要作用是为企业总体薪酬水平的确定提供参考依据，对企业内部不同职位之间的薪酬差别并无太大的影响。

随着一些企业逐渐从以职位为基础的薪酬体系向以人为基础的薪酬体系转移，其更依赖市场薪酬调查来确定薪酬水平，并确保外部竞争性。

3. 估计竞争对手的劳动力成本

对于许多在产品市场上面临较大竞争压力的企业，如零售业、汽车或特殊钢产品制造业等，劳动力成本是决定企业竞争优势的一个重要因素。这些企业非常关注竞争对手的劳动力成本开支，既不能因为薪酬水平太低而失去优秀员工，又不能因为薪酬水平过高而影响公司产品的竞争性。所以，这类企业非常注意利用薪酬调查对竞争对手的定价和制造实践进行财务分析。

4. 了解其他企业薪酬管理实践的最新发展和变化趋势

薪酬调查的数据并不限于基本薪酬，还包括奖金、福利、长期激励、休假等福利，以及加班时间、薪酬计划等，甚至包括员工流动率、加薪频率等。因此，企业可以借此了解新型薪酬管理实践，有助于企业判断是否调整薪酬水平策略。

四、薪酬调查的步骤

薪酬调查有三个阶段：准备阶段、实施阶段、结果分析阶段。

1. 准备阶段

（1）根据需要审查已有薪酬调查数据，确定调查的必要性及其实施方式。

对于任何一家企业来说，如果现有的薪酬调查数据足以提供企业需要的所有信息或大部分信息，显然就没有必要再去做市场薪酬调查了。

需要注意的是，对已有薪酬数据进行筛选和利用时，一定要使用与自身薪酬水平决策匹配良好的数据，并确保已有薪酬调查数据的质量，如数据的准确性、数据量是否充分、取样是否足够多等。

如果现有的调查不能满足需要或者没有可用的薪酬调查结果，企业需要考虑调整进行薪酬调查工作的人员或组织。

（2）选择准备调查的职位及其层次。

如果企业要了解管理人员的薪酬，则应调查公司高层和部门经理的薪酬水平。如果企业要了解专业或技术类职位的薪酬，就需要将相关职能领域中的整个职位族都纳入调查范围中，因为这类职位之间的薪酬差别往往不体现在工作内容，而更多地体现在其要求具备的专业或技能层次。如果已经确定了准备调查的职位范围，还需要选择在调查中的典型职位。

选定被调查职位时，调查者必须提供最新的总体职位描述。在职位调查中所使用的职位说明书必须采用比较常见的职位名称。对职位的描述应当具有一定的普遍适用性。此外，职位描述的篇幅应适中。

为了提高调查的精确性，调查者还可以在调查问卷中附上一张与调查职位相关的简要的企业结构图，这有助于被调查者匹配基准职位与企业职位。

（3）界定劳动力市场的范围，明确调查对象及数量。

企业需要先确定劳动力市场的范围，劳动力市场可以分为地方性劳动力市场、地区性劳动力市场、全国性劳动力市场和国际性劳动力市场。这种劳动力市场的划分反映了企业与其他企业展开竞争的范围。根据企业的不同需要，相关劳动力市场涵盖的企业可能是为同一种职位或同种技能展开竞争的企业、为同一地理区域内的劳动者展开竞争的企业、在同类产品和服务方面展开竞争的企业。

对调查目标的考虑也会有助于企业确定调查范围。比如，如果调查的目标之一是确定企业规模或企业经营绩效差异对企业高层管理职位浮动薪酬的影响，调查对象就应当尽量包括在企业规模或经营绩效方面有较大差异的不同类型的企业。然而，虽然参与调查的企业数量越多，企业所获得的信息就越多，但是对时间和预算方面的考虑会对被调查企业数量施加一种限制。当然，调查所需要的最小样本规模在很大程度上取决于调查本身的详细程度。

（4）选择企业要收集的薪酬信息。

同样的职位在不同企业中所获得的价值评价是不同的，在不同企业中获得报酬的方式也是不同的。因此，薪酬调查中如果只包括基本薪酬，则所获得的数据往往无法反映市场的一般情况。薪酬调查收集的信息一般包括以下两个方面：

①基本薪酬及其结构。调查者应当询问被调查对象在某一具体日期的基本薪酬水平。通常情况下，企业不可能对在同一职位的所有员工都按同一种工资率支付。因此，单纯获得一个平均的基本薪酬数据不足以分析清楚其他企业的薪酬结构。为了全面掌握目标企业的基本薪酬，可以调查薪酬跨度的最低值、最高值和中间值。

②年度奖金和其他现金奖励。许多企业都向员工提供年度奖金，这种奖金通常与企业的经营业绩挂钩，有些企业也可能不提供这种年度奖金，因此在薪酬调查中，要调查过去一个财政年度中某一职位的实际奖金。最好再调查奖金占基本薪酬的百分比。

除了年度奖金，越来越多的企业实行利润分享、收益分享和一次性加薪等现金奖励。因此在调查中，要确保调查所有形式的薪酬。

2. 实施阶段

（1）设计调查问卷。

调查问卷的内容通常包括企业规模、所在行业、销售额或销售收入、薪酬构成、职位范围等。

调查问卷应易读、易懂、易回答。

调查问卷设计完成之后，先做一次内部测试，以发现需要改进的问题。在实施调查的过程中，调查者要与被调查者保持联系，以确保有足够的问卷能够回收。

（2）其他调查。

除问卷调查外，还可采用电话访谈、实地访谈和集体访谈等方法。

问卷调查对于数据保密最有利。如果将问卷调查与面谈相结合，效果会更好。

3. 结果分析阶段

（1）核查数据。

回收调查问卷以后，先逐项分析和判断数据。如果发现疑点，需要向接受调查的公司进行询问和核对数据，分析某一职位薪酬畸高或畸低的原因。

当然，即使是工作内容基本相同的同种职位，在不同的企业中所获得的薪酬可能会有很大差距，这主要与以下因素有关：职位在不同企业中的价值或贡献不同，特定企业的薪酬哲学、文化不同，员工工作的时间不同，不同企业所处地理位置和劳动力市场不同等。

（2）分析数据。

薪酬数据的分析方法有频度分析、趋中趋势分析、离散分析和回归分析等。

①频度分析。是将与职位相对应的所有薪酬调查数据从低到高进行排列，然后统计每一薪酬范围内公司的数量。这是一种最简单也最直观的分析方法，一般用直方图来显示结果。

②趋中趋势分析。趋中趋势分析又可以进一步细化为简单平均数、加权平均数、中值等数据分析方法。

简单平均数分析是一种最常见的分析方法。它不考虑不同企业中在某种职位的员工数量之间的差异，对所有企业的薪酬数据均赋予相同的权重。在操作层面上，它通常是将与特定职位对应的所有数据简单相加，再除以参与调查企业的数量，求出平均值。这种方法比较简单，极端值可能会破坏结果的准确性，所以有些公司会首先用频率分布剔除极端值。当调查者所获得的数据不能全面代表行业或竞争对手的情况，或者因为一些重要的目标公司拒绝参与而导致数据不完整时，采用简单平均数分析方法是最好的。

加权平均数分析是对不同企业的薪酬数据赋予不同的权重，权重的大小取决于某个公司在同类职位上工作的员工人数在调查总人数中所占比例，或者调查企业认为某个被调查企业的薪酬水平对其薪酬决策的重要程度。换句话说，某公司中从事某种职位的人数越多，则该公司提供的此种职位的薪酬数据对最终平均薪酬数据的影响就越大；或者，对调查企业来说更为重要的某些竞争对手的薪酬水平在最终的平均薪酬水平中所占比例较大。在这种情况下，规模或重要性不同的企业实际支付的薪酬会对最终调查结果产生不同的影响，因此，采用这种方式求得的最终结果就比简单地求一个平均值更科学。在调查结果基本能够代表行业总体状况的情况下，加权平均数的分析是最好的，因为这时经过加权的平均数比较接近劳动力市场的真实状况。

中值分析是将收集到的薪酬数据按降序或升序排列，然后取中间位置的薪酬水平数值。这样分析的最大好处是可以排除极高或极低的薪酬数据对平均数据的影响。不过，这种对数据的分析方法是相当粗略的，只能显示出当前市场平均薪酬水平的大概情况。

③离散分析。一般情况下，离散分析的方法有标准差分析、百分位分析、四分位分析。利用标准差分析可以检验各个分布值与平均值之间的差

距，但是在薪酬调查数据分析中并不常用。而四分位分析和百分位分析在薪酬调查分析中是更为常见的衡量离散程度的方法，具有较强的说服力。

对薪酬数据进行标准差分析，实际上是衡量某个薪酬数据与该类数据的平均值之间的差别是否处于可以接受的范围之内。通过标准差分析可以看出某一类职位大多数人员的薪酬变动范围，同时发现某个人的薪酬水平与同类职位人员的平均薪酬水平之间的差距是否合理。

百分位分析表示有百分之多少的企业的薪酬水平低于位于该百分位上的企业的薪酬水平。例如，如果某企业在薪酬水平处于市场的第75个百分位上，这就意味着有75%的企业的薪酬水平都比其低，只有25%的企业比其高。在百分位分析中，第50个百分位是中间值。百分位分析在企业的薪酬水平战略定位中是最常用的，因为它直接揭示了企业的薪酬水平在劳动力市场上的地位。

四分位分析与百分位分析类似，只是在进行四分位分析时，首先将某种职位的所有薪酬调查数据从低到高排列，划分为4组（百分位中划分为100组），每组中所包括的数量分别为企业调查总数的1/4（百分位中是1%）；处在第二小组中的最后几个数据必然是所有数据的中值，可以用它来近似地代表当前市场上的平均薪酬水平。

④回归分析。可以利用回归分析来测试两个或多个变量之间的相关关系，然后利用其中一个变量的值（如销售额）来预测另一个变量的值（如销售经理的薪酬）。变量之间的相关系数越接近1.0，其相关性就越强。

五、薪酬调查结果分析

在大规模薪酬调查中，调查企业要对最终的薪酬调查分析结果进行整理，并编写调查报告。这种薪酬调查报告可以提供非常详尽的分析内容，比如，关于北京地区软件开发行业各种规模企业网络架构师的薪酬数据，包括学历、工作年限，以及薪酬平均值、中位值、75分位值或90分位值等数据。这些薪酬调查数据可以从相关咨询公司购买，或者直接委托相关机构进行专项市场薪酬调查和分析，一些商业机构对外公布的薪酬报告只提供一些概括性的薪酬数据。

第五章 薪酬结构

第一节 薪酬结构概念

薪酬结构是对同一企业内部不同职位或者技能的工资率所做的安排。它强调的是职位或技能等级的数量、不同职位或技能等级之间的薪酬差距，以及用来确定这种差距的标准。虽然薪酬结构强调的是同一企业内部一致性问题，但它不是一个脱离外部竞争性而独立决策的过程。事实上，薪酬结构决策是在内部一致性和外部竞争性这两种薪酬有效性标准之间进行平衡的一种结果。一个完整的薪酬结构包括：薪酬的等级数量，同一薪酬等级内部的薪酬变动范围（最高值、中值以及最低值），相邻两个薪酬等级之间的交叉与重叠关系。具体如图 5.1 所示。薪酬等级数量是通过职位评价或技能评价产生的。

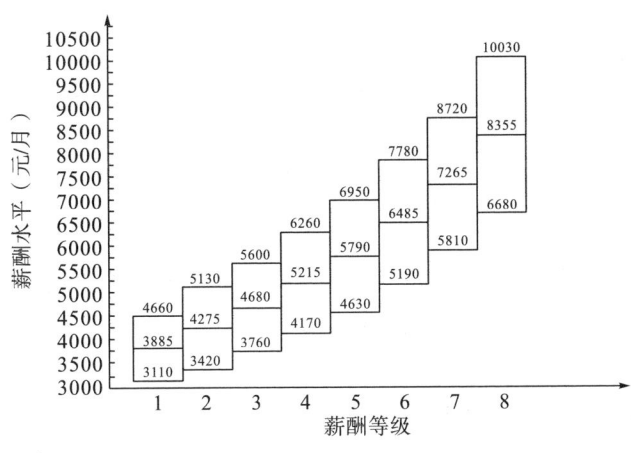

图 5.1 薪酬结构模型

第二节　薪酬结构设计

在对薪酬结构的大体状况进行分析之后，再讨论如何有效平衡外部竞争性和内部一致性两方面的要求，最后设计企业薪酬结构。这里以采用计点法进行职位评价为例来说明薪酬结构的设计过程。虽然薪酬结构是外部竞争性和内部一致性之间平衡的一种结果，但即使在同一个企业内部，职位等级不同，对该职位所得薪酬的内部一致性和外部竞争性的考虑也会有不同的侧重。一般情况是职位等级越高，对外部竞争性的强调越多，如图5.2所示。

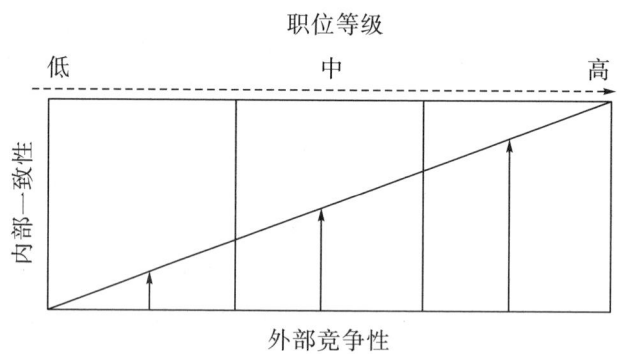

图5.2　职位等级与薪酬的内部一致性和外部竞争性之间的平衡

薪酬结构设计通常有以下六个步骤：

（1）通观被评价职位的点数状况，根据职位评价点数对职位进行排序。

此步骤的目的在于从整体上观察通过计点法所得到的被评价职位的点数情况，看是否存在明显有出入的点数。比如，可以通过对同一职位族中的职位或属于其他职能但明显属于同一级的职位的点数进行对比和分析，对于那些与本职位族中的上下级职位或其他职能中同一级职位所获得的点数相比明显不合理的点数，可以考虑予以调整，以准确反映该职位在内部一致性价值评价中应得到的点数。

（2）按照职位评价点数对职位进行初步分组。

通过对职位评价点数的观察可以发现，虽然不同的职位所得到的评价点数不同，但是有些职位的评价点数与另一些职位相当接近。因此，可以初步判断，评价点数接近的职位应当属于同一个级别。可以利用自然断点来划定职位等级。

(3)根据职位评价点数确定职位等级的数量及其点数变动范围。

在实际操作过程中，由于不可能对企业的所有职位都进行评价，因此，在划分职位等级时还要考虑其他未被评价的非典型职位的情况。这时，就需要仔细考虑应划分多少个职位等级比较合适，并且确定每一个职位等级的最低点数和最高点数。显然，最终划定的等级数量取决于企业中的职位数量和职位之间的差异，企业的薪酬哲学和管理理念也会起一定作用。

(4)将职位等级划分、职位评价点数与市场薪酬调查数据结合。

假定通过外部市场薪酬调查得到了相应职位的市场薪酬水平，就可以得到与被评价职位有关的两列数据，一列是点数值，另一列是薪酬水平数值。根据这两列数据，可以制成形状类似散点图的表达图，其中纵轴表示职位的市场薪酬水平，横轴表示职位评价点数。

(5)考察薪酬区间中值与市场水平的比较比率，对问题职位的区间中值进行调整。

通过上述步骤得出每一职位等级的薪酬中值之后，通常还需要对薪酬区间中值与外部市场薪酬数据之间的比率（即比较比率）进行分析，以发现可能存在问题的特定职位等级的薪酬定位。这是因为，理想的薪酬结构应该体现两个方面的关系：一是所评价职位之间的关系，二是推导出的职位所对应的薪酬区间中值与外部市场薪酬之间的关系。一般来讲，比较比率减去100%之后，对于结果在10%以内的职位，企业都可以接受，这表明该职位等级薪酬的内部一致性和外部竞争性是比较协调的；对于结果超过10%的职位，企业可以考虑适当调整。

(6)根据确定的各职位等级或薪酬等级区间中值建立薪酬结构。

只要在考虑到各职位等级内部各种职位的价值差异及相应的外部市场薪酬水平的情况下，确定各个薪酬区间的变动比率，就可以建立一个企业的薪酬结构。有时为了管理的方便，薪酬管理人员会在一个薪酬等级内部再划分几个小的层级，这些层级之间可以是相互重叠的，也可以是相互衔接的。此外，在整体薪酬框架中，同一家企业可以采用多种薪酬结构，以反映企业的管理哲学和经营状况。比如，企业在设计销售人员和技术研发人员的薪酬结构时，可以采用两种不同的模式。

第六章 绩效奖励

本书前几章反复强调了薪酬管理在满足员工对公平性要求的同时，也要为企业战略目标的实现提供积极的支持。我们主要关注的是薪酬的公平性问题，即如何根据职位的价值、员工技能或能力的高低以及外部劳动力市场上的薪酬水平来合理确定员工的基本薪酬水平。但一个不容回避的问题是，从事重要职位工作的员工或者具备较高技能或能力的员工能否比其他员工更积极努力地工作，从而将这种静态的价值转化为对企业更为重要的动态的价值，则具有不确定性，主要是因为劳动力契约本身是一种不完善的契约，劳动者对于自己在生产过程中实际付出的努力或者劳动具有一定的控制力。因此，在解决了静态的公平性问题之后，薪酬管理还必须解决动态的问题，即企业的薪酬设计和薪酬管理如何才能激励个人和群体达成优良的绩效，从而保证企业整体良好经营绩效的实现和长期发展。本章我们将集中探讨如何将员工的实际贡献与其应得的报酬联系起来，从而将员工、员工的绩效和企业的绩效及企业最终的成功相联系。

第一节 绩效奖励的基本原理

一、绩效奖励与激励

绩效通常可以分为企业绩效和个人绩效两大部分，其中企业绩效又可以分为公司绩效、部门绩效及团队绩效等。个人绩效通常指员工通过努力达成的对企业有价值的结果，以及其在工作过程中所表现出来的符合企业文化和价值观并有利于企业战略目标实现的行为。从个人层面来说，其绩效高低主要取决于四个方面的因素：一是员工的知识，即员工所拥有的关于事实、规则、原则和程序的知识；二是员工的能力，即员工所具备的技能及完成工作任务的能力；

三是员工的工作动机,即员工受到的激励程度;四是机会,即员工和工作之间的匹配度及其他外部资源的支持。因此,为了确保员工实现优良的绩效,企业必须做好以下几个方面的重要工作:一是企业必须雇用知识技能水平较高的员工并设法让他们留在企业中;二是持续不断地提高员工的知识和技能水平;三是合理地配置员工,使员工能够从事其最擅长或最感兴趣的工作;四是通过各种激励措施促使员工尽最大的努力完成工作,即强化员工的工作动机。

从薪酬管理的角度来说,薪酬体系与影响个人绩效的四个因素都存在联系。比如,较高的薪酬水平有利于吸引知识和技能水平较高的员工;以技能和能力为导向的薪酬体系有利于激励员工不断增强自身能力和素质;灵活的薪酬体系有利于员工在企业内部的调动和轮换,从而帮助员工在企业内部找到最适合的工作;强调绩效的薪酬体系有利于员工关注绩效并采取对企业有利的行为等。当然,我们在前几章中试图解决前三个方面的问题,这里主要了解薪酬设计与绩效奖励之间的关系。

很多企业都愿意采用绩效奖励策略,因为它们认为,这种将绩效和薪酬体系联系的做法有助于提高员工为实现企业战略目标而努力工作的积极性。企业行为学中的激励理论对此给予了充分肯定,并为绩效奖励思想提供了坚实的理论基础。

图 6.1 是由管理学家斯蒂芬·罗宾斯提出的包括期望理论、公平理论、强化理论等多种激励理论在内的一个综合激励模型。模型清晰地指出了绩效奖励对激励员工的重要作用。由图可知,具备既定能力和素质的员工在工作安排得当、资源配置充分的情况下,个人绩效水平主要取决于工作动机及其所决定的个人努力程度,个人努力程度主要取决于个人目标在企业中的实现程度。换言之,一个人的行为是受其个人目标引导的。一般情况下,员工在企业中工作时需要实现两个方面的目标:一是获得公平对待,二是个人绩效能够得到适当的报酬和认可。从薪酬管理的角度来说,员工个人绩效能够得到公平对待并获得相应报酬和认可是同时实现上述两个目标的关键因素。当然,这里所说的对绩效的报酬和认可可以有多种方式,而不仅仅是直接与薪酬挂钩。有时,对个人绩效的认可即使不采取货币或货币等价物的方式,也可能会因为满足了员工的自我实现需求和成就需求而被员工认为是一种有价值的报酬方式。对绝大多数员工来说,个人绩效与薪酬之间的联系仍然是一种最有力、最直接的激励手段,因为它一方面能够满足员工的经济需求,另一方面能够满足员工的成就需求。因此,如何公平合理地对员工的绩效提供报酬,是企业在薪酬管理中必须关注的重要问题。

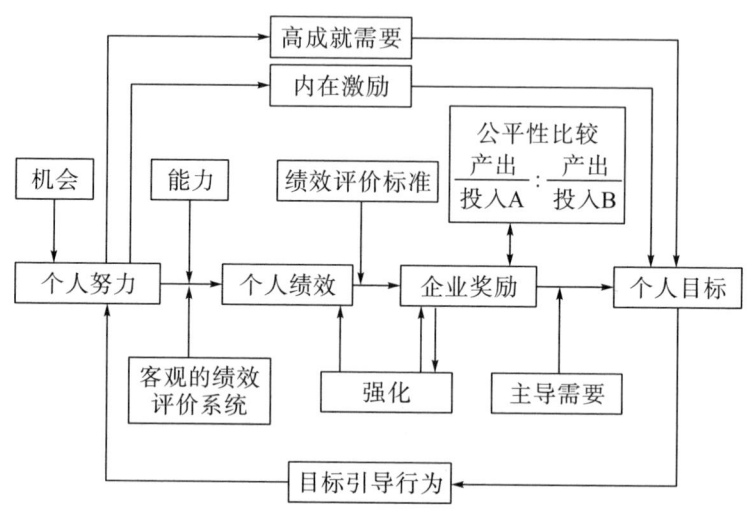

图 6.1 综合激励模型

1. 期望理论

维克托·弗鲁姆指出，绩效是三大因素的函数：期望、关联性和效价。其中，期望是员工对自己完成既定工作任务的能力所做出的自我判断，揭示个人努力与个人绩效之间的关系，即员工认为通过一定努力获得一定绩效的可能性。关联性是员工对于达到既定绩效水平之后能否得到企业报酬所具有的信心，反映了员工相信一定的绩效水平会带来所希望的奖励结果的程度。效价是员工对企业因自己实现令人满意的工作业绩而提供的报酬具有的价值所做出的判断，反映了企业提供的奖励满足个人目标或需求的程度及这些潜在奖励对于个人的吸引力。

期望理论实际上指出了三个方面的内容：第一，员工对个人能力的自我评价非常重要，因此企业应当意识到，要想让员工达到既定绩效水平，就需要对其进行培训并提供完成工作任务所需的各种资源。第二，必须明确界定员工的工作任务、责任和绩效标准，同时建立公平、完善的绩效评价体系，让员工相信自己对绩效目标的实现是有充分控制力的。第三，薪酬和激励效果。同时，绩效奖励的收益必须足够大才能使员工将其视为一种真正的报酬。

2. 公平理论

公平理论认为，员工不仅关心经过努力所获得的薪酬的绝对数量，也关心薪酬与其他人之间的关系，即员工根据自己的投入—产出关系和他人的投入—产出关系的对比来判断所获得薪酬的公平性。与感知到的投入（如努力、工作行为）相对比，如果员工认为所得到的薪酬与产出对等，其就会受到激励；反之，则会导致员工不舒服。如果员工认为其他人所付出的努力与自己相同，但所获得的薪酬更多；或他人付出的努力比自己少，但报酬却相同，他们就会采取负面行动（如消极怠工）来找回双方在投入-产出比上的平衡。公平理论说明：第一，由于员工比较的是自己与他人的薪酬、努力程度，因此对员工的行为和态度产生影响的是相对薪酬而不是绝对薪酬。换言之，薪酬的内部公平性和外部公平性对于员工的绩效激励有很大影响。第二，企业必须首先建立一套客观公正的绩效评价体系，再将通过这一体系得出的绩效评价结果与最终薪酬挂钩，以确保在同等条件下，那些绩效优秀的员工所获得的薪酬超过绩效不佳的员工。第三，如果企业提供的薪酬没有达到员工的公平性要求，则员工会采取对企业不利的负面行为来试图找回公平。所以无论是企业的基本薪酬确定还是绩效奖励计划，都必须注意在全体员工中保持公平性和一致性。

3. 强化理论

强化理论认为，一个人的行为是受其目标引导的，如果员工的某种行为得到了与预期目标相符的某种薪酬的强化，则员工重复执行相同行为的可能性会增加。强化理论对于薪酬管理的启示在于两个方面的内容：第一，对于员工的绩效必须给予相应的薪酬，因为薪酬会强化（激励和维持）员工的绩效，而得不到薪酬的行为或绩效不会持续下去。第二，必须在员工达到企业期望的绩效之后尽快给予薪酬，即应当在员工的绩效或对企业有利的行为与其获得的薪酬之间建立一种比较直接和及时的联系。

4. 目标设置理论

目标设置理论主要探讨目标的具体性、挑战性及绩效反馈对绩效的影响。目标设置理论指出，实现某种目标的工作意向是工作激励的主要源泉；明确具体的目标不仅告诉员工需要做什么及应当付出多大的努力，而且能够提高绩效；一旦员工接受了比较困难、富有挑战性的目标，则会比那些较容易实现的目标获得更大的激励；能够获得绩效反馈的目标实现过程会比没有反馈的目标实现过程更加顺畅。目标设置理论实际上反映三个方面的内容：第一，目标可以作为员工与之进行对比的绩效标准。由于实现目标往往与得到有价值的薪酬联系在一起，因此，它对于个人是有激励作用的，即明确具体、富有挑战性的绩效目标对绩效发生的强度及其持续期间具有很大的影响力。第二，绩效奖励必须是在某种重要的目标实现时支付给员工，并且奖励性薪酬应当与目标的实现难度相匹配。第三，企业必须以一种明确的方式与员工就绩效目标进行沟通，确保员工相信自己能够对绩效目标产生影响，并在绩效的实施过程中及时向员工提供绩效反馈。

5. 委托－代理理论

委托－代理理论实际上是经济学中关于激励的理论。该理论认为，在任何委托－代理关系中都存在代理风险。产生代理风险的最主要原因是信息不对称和委托人在控制代理人的行为时需要花费大量的成本，即委托人为了保证自己的利益，希望尽可能多地观察和了解代理人的信息，但由于不对称信息难以直接观察和验证，委托人要想了解代理人的信息和监控代理人的行为就必须花费代价和成本。这种代价和成本不仅可能非常昂贵，而且可能根本无法确保委托人收集到代理人的所有信息。在这种情况下，委托人的一个最佳选择不是对代理人的能力进行判断并对其行为进行监督，而是选择一种有助于使代理人的利益与委托人的利益趋于一致的契约。这样，委托人既能够保证自己的利益，又可以节省大量的监督控制成本。

委托－代理理论表明，如果委托人（企业）能够对代理人（员工）的绩效履行过程或绩效行为进行有效的监督，并且监督和控制的成本不那么高，企业就可以根据员工的行为表现支付相对较稳定的静态薪酬（主要是根据员工所承担工作的难度和重要性来支付），或者是将员工的小部分薪酬与对其行为的评价结果相联系。然而，如果员工的绩效完成过程无法得到有效的监督或监督成本过高，企业就应当根据员工的工作结果即是否实现企业的目标来支付薪酬。这是因为当企业对员工工作存在监督不到的地方时，员工很有可能会产生机会主义倾向或消极怠工的行为。不过，从员工的角度来说，他们更愿意获得比较稳定的薪酬而不是有较高风险的薪酬（即经济学中的风险规避倾向）。如果企业根据员工的工作结果或绩效支付薪酬，那么实际上是使员工的薪酬收入面临风险，因此，要想让员工从内心接受这种具有风险性的绩效奖励，就必须为其提供一个获得更高收入的机会，即以潜在的更高薪酬水平来补偿员工所愿意承担的风险。总而言之，绩效奖励的风险越明显，企业就越需要为员工提供更高的潜在收入以作为补偿或回报。

二、绩效奖励计划的特点及实施要点

1. 绩效奖励计划的概念及优缺点

（1）绩效奖励计划的概念。

绩效奖励计划是指员工的薪酬随着个人、团队或者企业绩效的某些衡量指标所发生的变化而变化的一种薪酬设计。由于绩效奖励计划建立在对员工行为及其实现企业目标的程度进行评价的基础上，因此，绩效奖励计划有助于强化企业规范，激励员工调整自己的行为，并且有利于企业目标的实现。

（2）绩效奖励计划的优缺点。

绩效奖励计划的优点主要表现在三个方面：第一，由于绩效奖励计划往往具有明确的绩效目标，因此，它能够把员工的努力集中在企业认为重要的一些目标上，从而有利于企业通过灵活调整员工的工作行为来实现重要目标，避免员工的行为脱离企业的战略主线而产生本位主义倾向。第二，由于绩效奖励计划中的薪酬支付实际上变成了一种可变成本，因此，它的实施减轻了企业在固定成本方面的一些压力，有利于企业根据自身经营状况灵活调整支付水平，不至于因成本的压力而陷入困境。第三，由于绩效奖励往往与直接的绩效改善相联系，并且奖金的发放对象是那些为更高绩效的实现做出贡献的人，因此，绩效奖励计划有利于企业总体绩效水平的改善。不过，绩效奖励计划也存在一些潜在的缺点：第一，在绩效奖励计划中所使用的产出标准很可能无法保证足够的准确性和公正性。在产出标准不公正的情况下，绩效奖励计划很可能会流于形式。第二，绩效奖励计划有可能导致员工之间或员工群体之间的竞争，而这种竞争可能不利于企业的总体利益。第三，在绩效奖励计划的设计和执行过程中，还有可能增加管理层和员工之间产生摩擦的机会，因为在许多绩效奖励计划中都存在讨价还价的问题。第四，绩效奖励计划实际上是一种工作加速器，有时员工收入的增加会导致企业制定更为苛刻的产出标准，这样就会破坏企业和员工之间的心理契约。第五，绩效奖励公式有时非常复杂，员工可能难以理解。

2. 绩效奖励计划的实施要点

第一，企业必须认识到绩效奖励计划只是企业整体薪酬体系的一个重要组成部分。虽然它对激励员工的行为和绩效有重要作用，但是不能取代其他薪酬计划。只有与其他薪酬计划密切配合，才能确保绩效奖励计划的作用正常发挥，不能以为有了设计良好的绩效奖励计划，员工的薪酬和激励问题就可以顺理成章地得到解决。

第二，绩效奖励计划必须对那些圆满完成企业绩效或行为与企业目标一致的员工给予回报，而企业目标通常是与企业的经营计划和企业任务联系在一起的，因此，绩效奖励计划必须与企业的目标及其文化和价值观保持一致，并且与其他经营活动相协调。很显然，实现企业目标以及维护企业的价值观是实施绩效奖励计划的最主要目的。但是如果企业的价值观和目标不清晰或员工不理解，就很可能会发生企业所奖励的行为和结果与企业目标背离的情形。事实上，在实践中经常发生这种情况：从局部来看，设计非常合理的绩效奖励计划，最终对企业总体业绩产生的影响却是不利的。这就告诫我们，成功的绩效奖励计划必须保持员工的目标及其企业特性（企业的服务对象是谁及企业的产品和服务是什么）、企业的战略规划（企业如何完成战略任务）和企业目标（企业确立了什么样的目标）的一致性。

第三，要想实施绩效奖励计划，企业必须首先建立有效的绩效管理体系。这是因为绩效奖励计划以员工、员工群体甚至企业整体的业绩作为奖励支付的基础，如果没有公平合理、准确完善的绩效评价系统，绩效奖励就成了无源之水、无本之木。企业不仅要明确需要实现的成果、有利于这种成果实现的员工行为，而且要明确如何对这些成果进行衡量、监督及管理。如果没有明确、具体、可衡量、富有挑战性的绩效衡量指标，经营目标就会模糊不清，绩效奖励就会成为上级的恩惠或既得利益。

第四，有效的绩效奖励计划必须在绩效和奖励之间建立紧密联系，因为无论企业的目标多么清晰，绩效评价多么准确，反馈多么富有成效，如果它们与报酬之间不存在联系，绩效就不会达到最大化。比如，一家制造业公司采取将工厂的生产绩效以大幅图画在公司门口张贴的做法，以便员工一进厂就能了解公司的重要经营指标的变化情况。刚开始，这些图画引起了员工浓厚的兴趣和讨论，绩效也有所改善。然而，公司的业绩很快又下降到之前的水平。调查原因时，员工说，原以为公司可能会对这些数据的变化做出某种反应，如制订特定的奖励计划对员工的努力给予认可、开一个庆祝会或道一声感谢等，可事实上什么也没有发生。于是，员工很快对数据失去了兴趣，又重新回到了原来的轨道。在这里，反馈是存在的，但没有与薪酬联系在一起。

第五，绩效奖励计划必须获得有效沟通战略的支持。既然绩效奖励计划要求员工承担一定风险，那就要求企业能够及时为员工提供正确地做出决策所需要的各种信息。同时，企业还需要经常就绩效进展情况向员工提供反馈，以帮助员工提高实现既定目标的可能性。实际上，有些时候，绩效奖励计划对信息传递功能的强调要超过对薪酬支付功能的强调。在实践中，仅仅为降低固定成本而实行的浮动薪酬计划往往以失败告终。沟通的另一个重要作用是让员工看到绩效和薪酬之间存在的联系。

第六，绩效奖励计划需要保持一定的动态性，这是因为绩效奖励计划是围绕企业目标、企业外部经营环境及员工的工作内容和工作方式等情况而不断发生变化的，过去取得成功的绩效奖励计划不一定到现在依然成功。比如，以最早实施收益分享计划而闻名的林肯电气公司，在1934年开始实施绩效奖励计划，将员工的薪酬与个人的生产率及公司的盈利情况紧密结合。当时，生产线上的工人没有基本薪酬，收入完全取决于个人的产量，有些幸运的工人每年甚至能够挣到10万美元。但在20世纪80年代林肯电气公司向海外扩张的过程中，这种做法却导致其持续的财务问题，原有的绩效奖励计划不仅在海外文化中不适用，本国员工也面临奖金削减的威胁。

第二节　短期绩效奖励

绩效奖励计划有很多种，选择何种计划取决于企业目标、经济状况、人员情况等。在企业的目标发生变化时，绩效奖励计划的种类也应该随之变化。从时间维度来看，分为长期绩效奖励计划和短期绩效奖励计划；从激励对象维度来看，分为个体绩效奖励计划和群体绩效奖励计划。

一、短期绩效奖励计划

1. 绩效加薪计划

绩效加薪计划是将基本薪酬的增加与员工在某种绩效评价体系中所获得的评价等级相联系的一种绩效奖励计划。通常是在年度绩效评价结束时，企业根据员工的绩效评价结果及事先确定的绩效加薪规则，决定员工在第二年可以得到的基本薪酬。绩效加薪所产生的基本薪酬增加会在员工以后的职业生涯（在同一个企业中连续服务的年限）中累积。简单绩效加薪规则见表6.1。

表6.1 简单绩效加薪规则

类别	超出期望水平	远超出期望水平	达到期望水平	低于期望水平	远低于期望水平
绩效评价等级	S	A	B	C	D
绩效加薪幅度	8%	5%	3%	1%	0%

绩效加薪计划的优点有两个方面：第一，使员工的基本薪酬增长与其个人绩效挂钩，能够确保绩效优秀员工的薪酬会比绩效一般或较差员工的薪酬增长得更快。如果企业的绩效管理系统设计合理，能够衡量员工对企业价值及实际贡献，则绩效加薪计划不仅有利于留住那些优秀员工，而且有利于培育绩效文化，推动企业绩效目标的达成和战略的实现。第二，绩效加薪计划通常采取基本薪酬上涨一定百分比的做法，而每一次绩效加薪百分比都可以根据企业的盈利状况、与市场薪酬水平或标杆企业之间的差距及物价上涨幅度等因素来确定，这就使得企业在控制薪酬成本上升方面具有一定的灵活性。

然而，绩效加薪计划的缺点也是显而易见的。

首先，外部经济条件可能会导致加薪幅度很小，当绩效加薪预算本来就不高时（比如只有薪酬的3%～5%），绩效优秀和绩效一般员工之间存在的加薪幅度差异很可能没有太大意义，根本达不到激励员工去追求卓越的效果。有研究表明，低于6%～7%的绩效加薪根本无法达到激励的效果。

其次，绩效加薪可能会给企业带来高昂的薪酬成本。一方面，因为绩效加薪具有累积效应；另一方面，在大部分企业中，管理人员通常都倾向于把员工的绩效等级确定在水平较高的等级上（即出现绩效评价中的宽松误差），这样，企业往往需要面对大部分员工都能得到较大幅度绩效加薪的局面，不得不面对快速增长的薪酬成本。

最后，绩效加薪可能会导致员工过于关注个人绩效，从而给团队工作带来不利影响。著名质量管理专家爱德华·戴明就持这种观点。因此，在实施绩效加薪计划时，需要注意避免刺激过度的个人主义行为及竞争行为的产生，从而在员工个人目标和企业目标之间实现较好的平衡，甚至可以在需要确定绩效加薪等级时采用强制分布法。

绩效加薪计划的关键要素是加薪幅度、加薪时间及加薪实施方式。加薪幅度主要取决于企业的支付能力。如果加薪幅度过大，企业可能没有承受能力；如果加薪幅度过小，绩效加薪计划很可能无效，因为小规模的加薪往往起不到激励员工绩效的作用，并且很容易与生活成本加薪混同。当然，在比较复杂的绩效加薪计划中，加薪幅度还与企业薪酬水平和市场平均薪酬水平的对比关系有关（表6.2），或者与员工所在管理层级等因素有关。从加薪时间来看，常见的是每年一次，有些企业也采取半年一次或两年一次的做法。从加薪实施方式来看，既可以采取基本薪酬累积增长的方式，也可以采取一次性加薪的方式。一次性加薪是常规的年度绩效加薪的一种变通措施，通常是对那些已经处于所在薪酬等级最高层的员工所采取的一种绩效奖励方式，因为此时企业已不能再提高这类员工的基本薪酬水平，但又需要对其中高绩效员工提供一定的激励。

表6.2 市场化绩效加薪

与市场平均薪酬水平的对比关系	S	A	B	C	D
高15%	6%	4%	3%	1%	0%
高8%	8%	6%	4%	2%	0%
基本持平	10%	8%	5%	4%	0%
低8%	14%	10%	8%	5%	0%
低15%	18%	15%	10%	8%	0%

2. 一次性奖金计划

一次性奖金计划也是一种普遍的绩效奖励计划。从广义上讲，它属于绩效加薪范畴，但不是在基本薪酬的基础上累积增加，而是一种一次性支付的绩效奖励。在很多情况下，员工可能会因为完成了销售额或产量、实现了成本节约，甚至提出了对企业有价值的合理化建议等而得到这种一次性绩效奖励。在兼并、重组事件发生时，很多企业为了鼓励被收购企业中有价值的员工留下来，会在实施并购时向被并购企业中的高层管理人员、高级工程师、优秀销售员以及信息技术专家等支付一笔留任奖金。一些企业为了鼓励优秀人才签约，会向决定加入企业的新员工提供一笔签约奖金。

对企业而言，一次性奖金计划的优势是很明显的。一是在保持绩效和薪酬挂钩的情况下，减少了绩效加薪情况下基本薪酬的累加效应所引起的固定薪酬成本增加，同时有效解决了薪酬水平已经处于薪酬范围顶端的那些员工的激励问题。二是可以保障企业各等级薪酬范围的界线，不至于出现大量超过薪酬范围的员工，同时还保护了高薪酬员工的工作积极性。三是不仅可能非常有效，而且使企业在决定需要对何种行为或结果提供报酬时具有极大的灵活性。企业可以随时在不改变基本薪酬的情况下，针对某些期望看到的员工行为或员工个人达成的绩效结果来制订一次性奖金计划，并可随时取消这种计划。

对员工而言，一次性奖金计划相对于绩效加薪计划的优势要小得多。虽然员工可以一次性拿到很多奖金，但从长期来看，员工实际得到的奖金数额要比绩效加薪少。需要注意的是，如果企业长期以一次性奖金替代基本薪酬的增加，则有可能导致员工采取不利于绩效提高的消极行为。

3. 月度/季度绩效奖金计划

在绩效加薪计划和一次性奖金计划之间还存在一种折中的奖励方式，即根据月度或季度绩效评价结果，以月度绩效奖金或季度绩效奖金的形式对员工的业绩加以认可。这种月度/季度绩效奖金计划一方面与员工的基本薪酬有较为紧密的联系，往往采用基本薪酬乘以一个系数或百分比的方式来确定；另一方面，它具有类似一次性奖金计划的灵活性，不会对企业造成较大的成本压力。在实际执行过程中，员工个人应当得到的绩效奖金往往还要与其所在部门的绩效及个人绩效挂钩。

4. 特殊绩效认可计划

由于绩效加薪计划在加薪周期及加薪幅度方面都存在一定的限制，所以它为企业感谢员工所做出的贡献提供了非常有限的机会。比如，假设出于成本控制方面的考虑，企业对最高绩效水平提供的奖励只能达到加薪8%的水平，而员工为企业所做出的贡献应得到的薪酬远超过绩效加薪计划所能给予的奖励，这时绩效加薪的局限性就显现出来了。为了向那些绩效远超出预期水平因而值得给予额外奖励的个人和团队提供必要的报酬，很多企业还采用特殊绩效认可计划。这种计划具有非常大的灵活性，它可以对单项高水平绩效表现（如开发新产品、开拓新市场、销售额达到相当高的水平等）予以奖励。特殊绩效认可计划提高了薪酬系统的灵活性和自发性，为企业提供了更多的让员工感知重要性和价值的机会。特殊绩效认可计划不仅适用于做出了特殊贡献的个人，而且适用于有特殊贡献的团队。

二、个人绩效奖励计划

1. 个人绩效奖励计划的概念及适用条件

个人绩效奖励计划是指针对员工个人的工作绩效提供奖励的一种薪酬计划。由于绩效奖励计划是根据某些事先确定好的客观绩效标准来支付绩效薪酬的计划,因此,所有的绩效奖励计划都有一个共同的特点,即找到一个可以用来与之进行比较从而确定奖励金额的既定绩效标准。在个人绩效奖励计划中,这一标准就是员工的绩效可以与之进行对比的个人绩效基准。研究表明,个人绩效奖励计划能够起到提高生产率、降低生产成本及提高员工收入的作用。事实上,它是最古老的一种绩效奖励计划,其形式包括计件工资、生产奖金及佣金等。

企业如果想实施个人绩效奖励计划,就必须具备如下几个方面的条件:

(1) 从工作角度来看,员工个人工作任务的完成不取决于其他人的绩效,即其他员工的工作状况不会对被个人绩效奖励计划覆盖的员工的绩效产生影响,员工本人对自己的工作进度和工作完成情况有充分的控制力,个人的努力和个人绩效之间存在直接、明确的联系。此外,企业必须能够准确地衡量员工个人绩效。如果无法衡量和评价个人绩效,个人绩效奖励计划就失去了存在的基础。

(2) 从企业状况来看,企业所处的经营环境、所采用的生产方法及资本-劳动力要素组合必须是相对稳定的,因为个人绩效奖励计划要求事先制定一个相对稳定的个人绩效标准。如果企业经营环境或者技术条件、生产方式等不断发生变化,员工个人绩效标准必然要随之发生改变。这样就会破坏个人绩效奖励计划原有的奖励公式,影响员工对奖励计划的看法,甚至影响员工对企业的看法。

(3) 从管理方面来看,由于个人绩效奖励计划大多是以促进生产效率提高为出发点的,因此它实际上鼓励员工在同一岗位上长期工作,提高工作的熟练度。这样,企业就必须在整体的人力资源管理制度上强调员工个人的专业性,强调员工个人的优良绩效,比如为员工提供专业化的培训,为员工设计单一的职业发展通道等。此外,由于个人绩效奖励计划的基础是个人的绩效,因此,企业还必须有科学、合理的绩效评价系统及明确稳定的绩效标准,同时还要确保企业的管理人员在绩效评价过程中做到公平和公正。

2. 个人绩效奖励计划的优缺点

(1) 个人绩效奖励计划的优点。

除有助于生产率提高这一明显优点外,个人绩效奖励计划还有以下几个方面的优点:

首先,与绩效加薪这种绩效奖励计划相比,个人绩效奖励计划也是针对个人绩效提供报酬的一种激励制度。但是,企业支付给员工的奖励性薪酬不会自动累积到员工的基本薪酬当中去。员工如果想重复性地获得同样的奖励,就必须像原来一样努力。

其次，个人绩效奖励计划降低了监督成本。与根据工作时间支付固定报酬的薪酬制度相比，个人绩效奖励计划不需要为了维持某种合理的生产水平而对员工进行过多的直接监督，员工会受到一种内在的激励去控制工作速度和工作质量，这样，企业在监督方面的成本就会大大降低。

再次，在大多数情况下，根据结果支付薪酬的报酬系统如果能够得到完善的企业绩效及员工绩效衡量工具的配合，则能比按工时支付固定薪酬的做法更好地预测和控制劳动力成本，从而避免出现企业生产率很低，但员工的薪酬水平不能变动的情况。

最后，个人绩效奖励计划对员工的奖励通常以实物产出（如所制造的零件数量）为基础，而不是以主观的绩效评价结果为基础，因此，操作起来及与员工沟通时比较容易。

（2）个人绩效奖励计划的缺点。

毋庸置疑，个人绩效奖励计划也存在一些缺点，主要表现在以下几个方面：

首先，个人绩效奖励计划对于传统制造业中的生产类员工来说是比较适用的，但是现代企业中的大多数工作（如管理性工作和专业性工作），都没有可以衡量的物质产出。对从事这类知识型工作的员工来说，每一位员工与其他员工之间的工作关系都非常紧密，因而很难以物质产出的方式区分员工的个人绩效，也就很难采用个人绩效奖励计划。不仅如此，即使能够克服这种对个人绩效进行客观衡量的障碍，个人绩效奖励计划对企业也不会有吸引力，这是因为对于这类工作而言，团队工作方式可能会比个人工作方式对企业更有利，而个人绩效奖励计划显然不利于团队工作方式的形成。

其次，个人绩效奖励计划在设计和维持可以被员工接受的绩效衡量标准等方面面临潜在的难题，尤其是产出标准的变动很可能会造成员工对企业的不信任，即使这种绩效标准的变动可能是有充分理由的。这种状况显然不利于企业生产效率的进一步提升。此外，由于担心新技术可能会导致产出标准的改变（往往是提高），因此员工可能不愿意提出采用新的生产方法的建议，甚至会产生抵制新技术应用的倾向。同样，一些有经验的老员工为了保持自己的相对生产率优势，可能不愿意为新员工的在职培训提供必要的帮助。

再次，个人绩效奖励计划往往会导致员工只去做那些有利于他们获得报酬的事，对其他事则不管不顾。最主要的体现就是，在个人绩效奖励计划下，员工对产出数量最大化的关注可能会和企业对产品质量及客户服务水平的关注形成一种冲突。这是因为，个人绩效奖励计划在大多数情况下主要是以产出数量为基础的，产出质量只作为一种限定要求，员工只会追求达到质量要求这一最低水平，而不会主动去提高产品的质量。此外，有些奖励计划甚至会导致员工做出有损企业利益的事情。比如，美国一家食品连锁店曾经制订了一项奖励计划，对那些能够将蔬菜中的虫子挑出来的员工提供奖励，起初员工们确实从蔬菜中挑出了大量的虫子，然而后来发生的情况却让管理者目瞪口呆：一些员工为了获得奖金，竟然把家里的虫子偷偷带到公司，放进蔬菜里，然后再把它们挑出来。

最后，个人绩效奖励计划可能不利于员工掌握多种技能。这种奖励计划与要求员工掌握多种技能和积极地解决问题这一目标可能会不一致，这是因为员工如果去学习新的技术，常常会导致他们的生产速度放慢甚至完全停止生产。如果报酬取决于他们的生产速度和产量，那么他们就不愿意去学习新的技能，因为这至少会在短期内减少他们的收入。此外，单纯的个人绩效奖励计划还有可能会导致员工不注意设备的保养和维护，滥用设备，或者浪费生产资源来达成个人的绩效。

因此，虽然个人绩效奖励计划具有很大的潜在优势，但是鉴于它对于企业形成一支技能全面、灵活主动、能够解决问题的适应现代竞争要求的劳动力队伍所起到的阻碍作用可能大于促进作用，所以在除制造业之外的其他行业中的运用并不是很普遍，即使在制造业内部，它的作用似乎也有被削弱的趋势。

3. 个人绩效奖励计划的类型

（1）直接计件工资计划。

直接计件工资计划是运用最广泛的一种奖励计划，是薪酬收入直接根据员工的产出水平变化而发生变化的薪酬计划。企业先确定在一定时间内（比如1小时）应当生产出的标准产出数量，然后根据单位产出数量确定单位时间工资率，最后根据实际产出水平算出实际应得薪酬。显然，在这种计划下，产出水平高于平均水平者得到的薪酬也较高。

这种奖励计划的优点是简单明了，容易被员工了解和接受。主要缺点是标准很难确定。在生产领域需要进行时间研究，但是时间研究所得出的计件标准的准确性要受到观察的次数、选定的观察对象、对正常操作速度的界定等各方面因素的影响。标准过松对企业不公平，标准过严又对员工不公平。因此，这种计划往往需要管理者和员工的共同参与。在存在工会的情况下，计件标准有时甚至会成为集体谈判合同中的一项重要条款。

(2) 标准工时计划。

标准工时计划首先确定正常技术水平的员工完成某种工作任务所需要的时间，再确定完成这种工作任务的标准工资率。它是根据员工完成某种工作任务理论上应当耗费的时间来支付报酬的一种计划，而不考虑员工实际耗费的工作时间。即使一个人因技术熟练，以少于标准时间的时间完成了工作，他依然可以获得标准工资率。对于周期很长、技能要求较高、非重复性的工作而言，标准工时计划十分有效。

标准工时计划的一个变体是Bedeaux计划，它是直接计件工资计划和标准工时计划的一种结合。它不是为整个工作确定标准工作时间，而是要求将工作任务划分为简单的活动，并且确定达到平均技能水平的员工完成每一项任务所需要的时间。员工如果能够在低于标准工作时间内完成工作，则会获得根据所节约的时间计算的奖励。

(3) 差额计件工资计划。

直接计件工资计划的另一种变体是差额计件工资计划，或称泰勒制。这种工资制度是由科学管理理论的创始人泰勒最先提出的。主要内容是使用两种不同的计件工资率：一种适用于那些产量低于或等于预定标准的员工，另一种则适用于产量高于预定标准的员工。这种薪酬体系对于员工达成较高生产率的刺激更大。

(4) 与标准工时相联系的可变计件工资计划。

这类计件工资计划主要包括三种：

第一种是海尔塞（Halsey）计件工资计划。其内容是，企业通过时间研究确定完成某项任务的标准工作时间，如果员工以低于标准工作时间的时长完成工作，从而因节约时间而产生收益，则这种通过成本节约而产生的收益在企业和员工之间以对半形式分享。

第二种是罗曼（Roman）计件工资计划，从企业和员工分享因节约标准工作时间所产生的收益这一点上来看，它与海尔塞计件工资计划是类似的。不同的是，随着节约时间的增加，员工能够分享的收益所占比例上升。如果完成一项任务的标准工作时间是10个小时，某人7个小时完成工作，则此人可得到30%的成本节约奖，若他能在6个小时内完成，则可得到40%的成本节约奖。

第三种是甘特（Gantt）计件工资计划。主要做法是，在确定标准工作时间的时候，有意将它定在员工需要付出较大努力才能达到的水平上。不能在标准工作时间内完成工作的员工将会得到一个有保证的工资率。但是对于那些能够在标准工作时间内或者在少于标准工作时间内完成工作的员工，计件工资率则定在标准工资率的120%这一较高水平上。因此，一旦达到或超过标准工作时间的要求（工作时间更短），员工收入的增长会比产量的增长快。

（5）提案建议奖励计划。

提案建议奖励计划是一种最古老的管理工具之一，无论是在公共企业还是在私营企业中都随处可见。在这种制度下，如果员工的某项建议在企业中得到成功应用，则员工会得到某种形式的报酬。实践证明，作为一种征集员工对于改善企业有效性的建议的正式方法，员工提案建议奖励计划通常具有很高的成本有效性。它可以改善员工关系，提高产品质量，降低成本，增加收益。通常情况下，这种计划都是由人力资源部门负责实施的。在日本企业中，提案建议制度是员工参与管理的一种非常重要的实践形式；在美国，有专门的国家提案建议体系协会（National Association of Suggestion Systems）。

一个成功的提案建议奖励计划应该包括以下关键要素：第一，管理层的认同；第二，清晰的目标；第三，有专门的负责人员；第四，结构清晰的奖励体系；第五，公开的规范；第六，对每一个建议都做出迅速反馈。

三、群体绩效奖励计划

1. 群体绩效奖励计划的概念

群体绩效奖励计划（或称团队奖励计划）是近年来受到重视和广泛应用的一种绩效奖励计划，它基于某种群体绩效结果提供绩效奖励。群体绩效奖励计划通常可以分为利润分享计划、收益分享计划、成功分享计划及其他一些小型群体或团队奖励计划等。

很显然，群体绩效奖励计划与当前倡导的团队合作哲学有很高的一致性，这是因为只使用个人绩效奖励计划虽然也能够推动员工达到较高的绩效水平，但有可能会产生让企业不可接受的过度个人主义行为和竞争行为，并且导致员工忽视企业目标。而群体绩效奖励计划则会引导员工进行合作，提高他们对整个企业利益的关注。比如，某航空公司为了提高航班准点率，专门制订了一项一次性奖金计划，如果公司在这个指标上能够进入所有航空公司的前三名，就会给员工发放季度奖金。显然，航班准点率并不是某个员工个人努力就能做到的，它需要航空公司诸多员工的共同努力。

不可否认的是，在实施群体绩效奖励计划时会遇到一个可能导致其失败的潜在问题，这就是经济学中所谓的"搭便车"行为，即当针对群体绩效支付薪酬时，群体中的某些人可能会采取消极怠工的行为，付出很少的努力，等待获取他人工作的成果。一旦群体绩效激励计划设计不当，出现了这种现象，则最终结果是：一方面，使对个人的激励降到很低的水平；另一方面，高绩效者还会因为自己的努力和成绩得不到认可和回报而放弃努力或干脆离开企业。从群体或团队计划设计的角度来说，要确保这种奖励计划的有效性，最好能够满足以下要求：一是能够引导员工为完成企业的重要目标而努力，增强员工对企业的认同感；二是使员工能够及时看到自己的工作对绩效产生的影响；三是目标的实现既需要个人的努力，也需要团队合作；四是绩效量指标和标准清晰且可信；五是在员工心中能够产生客观的财务收益；六是能满足员工对公平、成就及良好同事关系的需要。

在以下几种条件下，企业实施群体奖励计划可能是比较有利的：

第一，从工作角度来看，工作产出是集体合作的结果，无法衡量员工个人对产出所做出的贡献。

第二，从企业状况来看，在企业目标相对稳定的情况下，个人绩效标准需要针对环境的压力而经常性地变化，并且生产方式及资本和劳动力的要素组合也必须适应压力的要求而经常做出调整。

第三，从管理方面来看，企业中存在良好的绩效文化和团队合作文化，在企业制定出明确的目标且能够就绩效标准与员工进行良好沟通的前提下，员工会对这种奖励计划有充分的信任，同时也会有更充足的信心去达成预定的绩效目标。

许多企业在实施群体绩效奖励计划时，会让员工参与薪酬决策过程，员工对于哪些行为有助于企业实现更好的运营往往心知肚明，同时他们也能够看到其他员工是否在工作中表现出某些企业期望的行为。不过，也需要注意两个方面的问题：一方面，员工参与群体绩效奖励计划的设计和相关的管理决策过程会使制定和管理奖励计划的过程变得更加复杂；另一方面，员工参与群体绩效奖励计划的设计时很可能以牺牲企业利益为代价来实现自身的利益。总体而言，尽管员工参与群体绩效奖励计划的决策确实存在潜在风险，但这种参与对奖励计划的成功实施可能是有益的。当企业重视利用货币性奖励来鼓励大家监督绩效，以及注重培养信任和合作精神时，员工参与的作用尤其明显。

2. 群体绩效奖励计划的类型

（1）利润分享计划。

利润分享计划是根据对某种企业绩效指标（通常是指利润这种财务指标）的衡量结果来向员工支付报酬的一种绩效奖励模式。根据这一计划，所有或者某些特定群体的员工按照一个事先设计好的公式分享所创造利润的某一百分比，员工根据公司整体业绩获得年终奖或股票，或以现金或延期支付的形式得到红利。

（2）收益分享计划。

①收益分享计划的概念。

收益分享计划是企业提供的一种与员工分享因生产率提高（比如工时减少）、成本节约和质量提高而带来的收益的绩效奖励模式。通常情况是，员工按照一个事先设计好的收益分享公式，根据本人所属工作单位或群体的总体绩效改善状况获得奖金。这是一种在20世纪初就出现的浮动薪酬计划。在通常的收益分享计划中，报酬会在群体内所有员工之间公平地进行分配，或者根据每个人的基本薪酬的某一相同比例发放，或者按每完成一个小时的工作获得相同的小时报酬的方式发放，或者按每个人得到相同金额的方式平均发放。收益分享计划的基础是群体绩效而不是个人绩效，并且这种群体绩效通常是一种短期的群体绩效。研究表明，收益分享计划对于强化制造型企业和服务型企业在整个企业范围内的团队工作绩效极其有效。

②收益分享计划与利润分享计划的区别。

首先，收益分享计划并不使用整个企业层次上的绩效衡量指标（利润），而是对某一群体或部门的绩效进行衡量。准确地说，它不是要分享利润的一个固定百分比，而常常与生产率、质量改善、成本有效性等方面的既定目标的实现联系在一起（通常是因生产率和质量改善所导致的成本节约）。如果这些目标达成，则群体分享实现的货币收益的一部分。显然，这些成本、质量和效率指标比利润指标更容易被员工看成是他们自己所能够控制的，行为、绩效和结果之间的关系更近，也更清晰，员工更清楚地知道何种行为或价值观变化能够导致预期的结果。这样，收益分享计划的激励性就可能比利润分享计划的激励性更大。

其次，收益分享计划下的奖励支付周期通常比利润分享计划的更短，也更频繁。在很多企业中，收益分享计划的收益分配依据是月度绩效（尽管也有些企业根据年度绩效来实施收益分享计划），并且通常不采取延期的方式支付。这样，虽然收益分享计划是建立在群体绩效的基础上的，但是它对于员工的绩效奖励比较及时。从某种意义上来说，收益分享计划实际上把像利润分享计划这种以企业绩效为导向的绩效奖励计划的优点，与像绩效加薪和个人绩效奖励计划这种以个人绩效为导向的奖励计划的优点结合了起来。一方面，收益分享计划与利润分享计划相同，两者都比以个人绩效为导向的绩效奖励计划更有利于员工关注范围更大的目标，促进员工和企业在绩效改善方面形成伙伴关系；

另一方面，收益分享计划又与利润分享计划不同，它还能像个人绩效奖励计划那样对员工进行激励。

最后，收益分享计划具有真正的自筹资金的性质，作为收益分享基础的是企业过去无法挣得或节约的钱，是经过员工的努力创造的，而不是企业从自己的口袋里掏出来的，所以它不会对企业收益存量产生压力。这是收益分享计划的一个非常重要的特征。也是其受到企业界普遍欢迎的一个重要原因。大量的研究表明，收益分享制度对企业产生的影响要比利润分享制度更积极。研究表明，利润分享制度对公司绩效的影响有积极性的，也有中性的，带来的劳动生产率提高幅度平均在2%~6%。而实施收益分享制度的绝大多数企业都在生产率上获得了显著提高，平均为25%，尽管各企业的生产率提高幅度差别很大（5%~78%）。

③收益分享计划的发展与演变。

收益分享计划经历了三个阶段的发展：第一代收益分享计划是斯坎伦计划（Scanlon plan）和卢卡尔计划（Rucher plan），第二代收益分享计划通常称为生产率改善收益分享计划，第三代收益分享计划着眼于企业整体经营计划的改善。

A. 第一代收益分享计划。第一代收益分享计划从生产率改善或成本控制的角度对财务结果进行衡量，运用历史的绩效标准来确定一个值得为之支付报酬的恰当绩效水平，这些计划通常被长期执行，并且主要在制造业中实施。

斯坎伦计划是在20世纪30年代由斯坎伦设计的，他当时是美国钢铁工人联合会的一位地方工会主席。斯坎伦计划规定，如果工厂的劳动力成本占产品销售额的比例低于某一既定的标准，员工（和企业）将获得现金奖励。

B. 第二代收益分享计划。第二代收益分享计划对单位产出的标准劳动工时进行测量，再分享节约下来的工时。第二代收益分享计划的主要特点与第一代收益分享计划类似，通常也是在制造业环境中使用且只适用于小时生产工人。该计划首先计算出一个标准，以确定生产一定水平的产出所需要的必要时间，任何由于生产时间节省而产生的收益由企业和员工共享。例如，如果在通常情况下，10位员工在5周内能生产500单位产品，这就意味着生产500单位产品需要用2000小时，即生产1单位产品需要4小时。按照生产率改善收益分享计划，如果员工现在生产1000单位的产出所需耗费的工时是3800小时，即比预期的时间4000小时少用了200小时，则节约下来的这200小时所对应的人工成本可以在企业和员工集体之间进行分享。这种计划与个人计件工资计划中的海尔塞计划类似，只是后者是根据员工个人的时间节约情况来分享收益，而这里讨论的计划则是根据员工群体的整体工时节约情况来分享由此产生的收益。

C. 第三代收益分享计划。第一代和第二代收益分享计划在工厂中引入了浮动薪酬，从而避免了基本薪酬的局限性，由于它们都有标准化的执行程序和行动规则，因此操作起来比较方便。虽然这些计划已经有多年的成功历史，但仍然存在很多问题。首先，这些计划是"永久性"的，它们假定环境是永远不变的，因此企业很少有机会对计划做出修改以适应需求的变化。其次，它们在设计上常常比较僵化和缺乏弹性，无法根据经济和市场的变化或者企业的经营需要做出反应。再次，这些计划除在工厂中使用外，在其他场合的使用价值很小。这些计划的标准是为制造型企业服务的，甚至未涵盖制造过程的非直接参与者。最后，这些计划的建立是非常机械的，虽然斯坎伦本人相信工人的建议，但这些计划并不是建立在员工和企业之间形成的以实现共同收益为目的的伙伴关系的基础上，也不将员工参与作为成功的必要因素。

第三节　长期绩效奖励

一、长期绩效奖励计划的概念及特点

长期绩效奖励计划（以下简称"长期奖励计划"）是指绩效衡量周期在一年以上的对既定绩效目标的实现提供奖励（主要以股票的形式）的计划。之所以将长期界定为一年以上，是因为企业的许多重要战略目标都不是在一年之内完成的。实际上，长期奖励计划的支付通常以 3~5 年为一个周期。长期奖励计划强调长期规划和对企业的未来可能产生影响的那些决策。它能够创造一种所有者意识，有助于企业招募、保留和激励高绩效员工，从而为企业的长期资本积累打下良好的基础。对于那些新兴的风险型高科技企业来说，长期奖励计划的作用是非常明显的。此外，长期奖励计划对员工也有好处，不仅可为员工提供一个增加收入的机会，还可为员工提供一种方便的投资工具。

大多数长期奖励计划以经济目标为导向，但越来越多的计划开始向涵盖其他绩效要素扩展，比如客户满意度和质量的提高。这与员工绩效评价的改进有密切关系。企业对员工绩效进行评价的指标不再局限于短期的经济收益。例如，美国运通公司于 20 世纪 90 年代中期创建了一种奖励计划，其内容不仅包

括经济绩效，而且包括客户和员工满意度。这些满意度指标对员工所获得的奖励性报酬的影响高达25%。显然，它已经成为企业鼓励员工从关注短期经济结果向关注企业文化转移这一战略的一个重要组成部分。

传统的长期奖励计划多集中于企业高层管理人员，以促使他们关注长期经营结果。一些研究表明，当一个企业中的大部分中高层管理人员都有资格获得像股票期权这样的长期奖励性薪酬时，企业的绩效会更好，因为这有助于鼓励这些管理者像企业所有者那样去思考问题。但是在向企业中较低层次的员工同样实施这种股权计划（通常采取员工持股计划的形式）时，是否能够得出相同的结论，还没有确切的证据。原因之一在于基层员工往往觉得自己对于企业在股票市场上的绩效表现没有太多的影响力。

就长期奖励计划的内容而言，虽然大多数长期奖励计划是围绕股票计划来设计的，但是其他一些经济奖励同样可以成功运用。参与长期项目或者风险计划的员工有时会有资格参与一种非常类似短期群体绩效奖励计划的长期奖励计划，他们以现金或股权的形式得到奖励。比如，石油勘探公司的地质专家有时可以从成功产油的一口油井中得到一定百分比的产量；软件设计师有时可以从自己所设计软件的销售中获得一定版税。这种长期奖励计划非常适合奖励资金来源有限的情况，或者团队或个人的贡献对项目的成功起重要作用的情况。

二、股票所有权计划的主要类型

作为长期奖励计划的一种主要形式，股票所有权计划近年来获得越来越普遍的运用。人们通常将股票所有权计划和新兴的高科技企业联系在一起。事实上，实施股票所有权计划的企业已经涵盖了制造业、银行业、运输业、航空业、保险业、食品业、零售业、铁路运输业、有线电视业等多个行业。

股票所有权计划是指企业以股票为媒介实施的一种长期绩效奖励计划。传统的股票所有权计划主要针对企业的中高层管理人员，目前有向普通员工扩展的趋势。常见的股票所有权计划可以划分为三类：现股计划、期股计划和期权计划。

现股计划是指通过公司奖励的方式直接赠予员工股票，或者参照股权的当前市场价值向员工出售股票，总之是使员工立即获得实实在在的股权，但这种计划同时会规定员工在一定时期内必须持有股票，不得出售。期股计划则规定，公司和员工约定在将来某一时期内以一定的价格购买一定数量的公司股权，购股价格一般参照股权的当前价格确定。该计划同时会对员工在购股后出售股票的期限做出规定。期权计划与期股计划类似，但存在一定的区别，在期权计划下，公司给予员工在将来某一时期内以一定价格购买一定数量公司股权的权利，员工到期时可以行使这种权利，也可以放弃这种权利。购股价格一般参照股权的当前市场价格确定，该计划同样要对员工购股之后出售股票的期限做出规定。

第七章　员工福利管理

第一节　员工福利的特点

在讨论报酬问题的时候，大多数人往往只看直接货币收入——基本薪酬、奖金和其他一些直接的货币报酬。但是，在企业向员工提供的具有货币价值的报酬中，显然不只包括这些，还有相当一部分报酬是以福利的形式提供给员工的。一般而言，福利成本的平均水平大约相当于货币薪酬的 37％，而在总薪酬中，福利成本大约占 27％。与基本薪酬相比，福利具有两个方面的重要特征：一是基本薪酬采取的往往是货币支付和现期支付的方式，而福利则采取实物支付或延期支付的方式；二是基本薪酬在企业的成本项目中属于可变成本，而福利无论是实物支付还是延期支付，通常都有类似固定成本的特点，因为福利与员工的工作时间并没有直接的关系。正是福利具有这两个方面的重要特征，决定了间接薪酬福利作为企业总薪酬的一个重要组成部分，在企业的薪酬系统中发挥着独特的作用。事实上，福利对企业和员工双方都有着深刻的影响。

员工福利对企业的影响。一方面，福利的成本通常是由企业全部或部分承担的。当福利的名目繁多时，福利的规划和管理比基本薪酬和可变薪酬复杂得多，可能会耗费企业大量的时间和金钱。另一方面，福利对员工的激励作用显然不如基本薪酬和可变薪酬更直接，那么企业为什么还要不遗余力地实施员工福利呢？通过下面的分析，可以看出企业之所以对员工福利非常重视，既有企业外部的原因，也有企业内部的原因。

1. 政府的法律规定

大多数国家对于劳动者在就业过程中及退出劳动力市场之后应当享受的福利都有强制性规定，其中最为集中地体现在有关社会保障的法律法规方面。劳动者是一个国家公民群体中相当大的组成部分，企业员工的基本福利状况不仅对一个国家的社会福利水平有重大影响，还对一个国家的社会稳定程度起着很大的作用。一般情况下，法律规定企业必须提供的员工福利项目包括养老保险、失业保险、工伤保险、带薪休假、法定节假日休息等各种形式。同时，各国政府还通过法律对企业应当提供的福利的最低水平施加一定的限制。

20世纪30年代，为了使美国人民免受大萧条所产生的毁灭性打击的影响，《美国社会保障法》和其他一些相关法律颁布，这些立法不仅确定了一些要求企业必须设立的福利项目（比如社会保障退休系统），而且修正了税收结构，使得其他一些福利计划（比如工伤补偿计划以及失业保险计划等）也变成强制性的。在我国，政府一直非常重视劳动者的福利。在市场经济时期，政府通过立法以及制定政策的形式确保企业员工能够得到养老、失业、医疗、工伤、生育等社会保障方面的福利，同时能够享受带薪休假、法定节假日等其他各种法定福利项目。基于社会公正和平等原则而制定的这些关于员工福利方面的法律法规，是推动企业员工福利普及和不断提高的一个重要因素，也是企业必须遵守的约束性条款。

2. 劳动力市场竞争的压力

除国家法定福利项目外，企业选择是否设立其他福利项目是有自主权的。从某种意义上来说，企业实际上被强制性地要求设立某些福利项目。这是因为，在一个竞争性尤其是紧张型劳动力市场中，随着越来越多的企业提供某种形式的福利，其余企业实际上是被迫提供这种福利的。以健康福利为例，如果90%以上的企业都提供了某种形式的健康保险福利，那么在其他条件相同的情况下，其余企业如果不提供这种福利且不能在其他方面做出补偿，它必然会在劳动力市场上处于劣势。这样，企业福利提供的自主权实际上就被剥夺了。

3. 集体谈判

许多市场经济国家都存在工会与企业之间的集体谈判机制。在这些国家的工会化企业中，工会可以代表员工就薪酬、工作时间、雇用条件等一系列问题与企业或企业联盟进行谈判。在集体谈判过程中，福利常常是工会追求的关键目标之一。工会能够成功地实现自己的会员在福利方面希望达到的目标，尤其是在将收入从现金形态向福利形态转移从而能够享受相应的税收优惠的情况下。对于工会，为会员争取到某种新的福利（比如医疗保险计划），可以说是一种非常直观的成果。这种成果对工会在未来吸收新会员时所产生的影响比等值的薪酬水平增长所产生的影响还要大，尤其在工会势力较强的时候，它们对企业福利计划所产生的推动作用是不可忽视的。

4. 有目的地吸引和保留员工，培养员工的忠诚度

福利是吸引和保留员工的一种很好的工具。有吸引力的员工福利计划既能帮助企业聘用高素质员工，又能保证已经被聘用的高素质员工能够继续留在企业中工作。事实上，福利在20世纪60年代逐渐开始流行，主要起到对员工的吸引和保留作用。这是因为在第二次世界大战期间及其之后一段时间所实行的工资和物价管制，以及劳动力市场上的供给不足，导致企业不得不考虑采用直接薪酬之外的其他方式来提高员工的薪酬水平，从而吸引并留住需要的员工。一旦这些福利计划建立起来，就作为一种企业惯例被沿袭下来。此外，当企业希望吸引和雇用某些类型的员工，但又因为某些方面的原因不能单方面提高这些人的薪酬水平时，福利就可能会成为一种非常有利的报酬形式。假定有一家企业希望获得稳定可靠的员工队伍，因此希望提高本企业劳动力队伍里中年人（尤其是有孩子的中年人）的构成比例。如果企业单独根据这种特征向中年人提供较高的薪酬待遇，则有可能导致其他人向法庭提起歧视诉讼。在这种情况下，如果企业向它试图吸引的那些劳动力群体的成员提供某些特殊的员工福利，就可以有效避免这种法律问题。比如，为员工及其家庭成员提供健康保险，为上大学的员工子女提供学费资助等。

福利计划有助于营造和谐的企业文化，强化员工的忠诚度。企业通过福利的形式为员工提供各种照顾，让员工感受到企业和员工之间不仅仅是一种单纯的经济契约关系，从而在雇佣关系中增加一种类似家庭关系的感情成分，提高员工的工作满意度，或者减少员工的不满情绪。而员工工作满意度的上升必然会使员工生产率上升及缺勤率和离职率下降。

5. 享受国家的税收优惠政策，提高企业成本支出的有效性

在许多市场经济国家，员工福利计划的税收往往要比货币薪酬的税收更优惠。这就意味着，为员工所提供的同等价值的福利比在货币薪酬上所支出的同等货币能够产生更大的潜在价值。对企业来说，虽然用于现金报酬和大多数员工福利项目的开支都可以列为成本开支而不必纳税，但是增加员工的现金报酬会导致企业必须缴纳的社会保险费用上升，而用来购买或开展大多数员工福利项目的成本却可以享受免税待遇。企业将一定的收入以福利的形式而不是现金的形式提供给员工更具有成本方面的优势。

第二节 员工福利的影响

从劳动经济学的角度来说,如果同样的薪酬水平可以由不同的直接薪酬和间接薪酬组合构成,但总的薪酬成本不变,那么对于企业,货币薪酬多一些还是福利多一些实际上是无关紧要的。在这种情况下,企业是否实行某种福利或者福利的水平高低就要取决于员工的偏好。员工为什么喜欢福利呢?主要有以下几方面原因。

1. 税收的优惠

福利不仅对企业来说存在税收优惠,对员工来说也同样如此。以福利形式所获得的收入往往无须缴纳个人所得税;即使需要缴税,往往也不是在现期,而是等到员工退休以后。到那个时候,员工的总体收入水平会比他们工作时低,从而税收水平会更低。这样,他们还是能够享受一定的税收优惠。因此,在企业薪酬成本一定的情况下,员工直接从企业获得福利,与自己用拿到手的薪酬收入去购买福利相比,前者的成本要低许多。节省的那一部分就相当于所缴纳的税金。

2. 集体购买的优惠或规模经济效应

员工福利中的许多内容是员工工作或生活所必需的,即员工福利有其自身的实际价值,即使企业不为员工提供这些福利,员工也要花钱去购买。而在许多商品和服务的购买方面,集体购买显然比个人购买更有价格方面的优势。代表较大员工群体的企业可以因规模经济而以较低的费率购买保险,企业在代表员工与保险服务提供商或者医疗服务提供商进行谈判时,其谈判力量显然比单个员工更强。此外,企业还可以较低的成本为员工提供某些项目的服务,因为它可以将固定成本分散到较多的员工身上,从而降低每位员工所承担的成本。如果每位员工自己去购买某种福利,成本可能会很高。

3. 员工的偏好

从经济学的角度来说,大多数劳动者都是风险规避型的,他们在收入方面会追求稳定性,不希望收入存在风险波动。与基本薪酬和浮动薪酬相比,福利的稳定性无疑更大。这样,那些追求稳定和安全感的员工会对福利比较感兴趣。即使对同一个人来说,在其职业生涯的不同阶段,他们对福利的偏好也是不同的。对于有孩子的中年人以及接近退休的老年人,福利的吸引力通常较大。

4. 平等和归属的需要

员工在一个企业中工作时并不只有经济方面的需要，他们还会产生心理方面的需要，如受到尊重和公平对待以及获得归属感等。直接薪酬更偏重员工的能力和业绩，而福利则可以满足员工在平等和归属等方面的需要。事实上，福利水平的高低会直接影响一家企业内部的雇佣关系的性质。在力图培养企业和员工之间的长期雇佣关系的企业中，福利的项目往往比较多，福利水平相对来说也会比较高。

当然，福利对于企业和员工来说也不是只有好处而没有不足。对于企业，福利项目越多，其管理成本就越高，而且福利对员工绩效的激励作用不如直接薪酬有效。过于优厚的福利有时会导致员工的工作动机弱化。对于员工，福利实际上剥夺了他们自由选择对自己有价值的商品或服务的机会，从而变成了一种强制性消费。此外，不同员工对直接薪酬和间接薪酬的偏好有很大不同，同一员工所处职业生涯阶段不同，也会对薪酬的偏好存在差异。所以对于有些员工非常有价值的福利，对于另一些员工很可能只有边际价值。尽管如此，由于员工福利对企业和员工双方都具有以上独特价值，因此直到今天，企业员工福利的多样化和福利水平的不断提高仍然是一个不可阻挡的社会趋势。

第三节　员工福利的类型

员工福利包括很多项目，主要有法定福利、企业补充福利等。下面主要介绍法定福利。

一、社会保险

我国规定的法定社会保险包括养老保险、失业保险、基本医疗保险、工伤保险及生育保险。

1. 养老保险

养老保险又称老年社会保障，是社会保障系统中的一项重要内容。它是针对退出劳动领域或无劳动能力的老年人实行的社会保护和社会救助措施。老年是人生中劳动能力不断减弱的阶段，意味着永久性"失业"。每个人都会进入老年，从这种意义上说，由老年导致的无劳动能力是一种确定性和不可避免的风险。随着工业化和现代化的发展，世界上大多数国家都已实行了老年社会保险制度。在多种社会保险项目中，老年保险的项目覆盖面最大，对社会稳定的保护作用也最大。从资金的筹集管理和发放方面考虑，现代养老保险制度有三种基本模式：国家统筹的养老保险模式、投保自助型的养老保险模式和自我保障模式。

国家统筹的养老保险模式的主要特点是：工薪劳动者在老年丧失劳动能力之后，均可享受国家法定的社会保险待遇，但国家不向劳动者本人征收任何老年保险费，老年保险需要的全部资金都来自国家的财政拨款。

自我保障模式也称强制储蓄模式。这种保险制度下的保险基金来自企业和劳动者两个方面，国家不进行投保资助，仅仅给予一定的政策性优惠。这种自我保障的做法必然要求企业和劳动者的投保费较高，否则无法得到足够的资金。因此，必须在经济发展迅速且水平较高的情况下才能实行。

世界上大多数国家实行的是投保自助型的养老保险模式，这是一种由社会共同负担、社会共享的保险模式。它规定：每一个工薪劳动者和未在职的普通公民都属于社会保险的参加者和受保对象；在职的企业员工必须按工资的一定比例定期缴纳社会保险费，不在职的社会成员也必须向社会保险机构缴纳一定的养老保险费，作为参加养老保险所履行的义务，这样才有资格享受社会保险；企业或企业主也必须按企业工资总额的一定比例定期缴纳保险费。

我国于1997年发布的《国务院关于建立统一的企业职工基本养老保险制度的决定》规定：在我国的大部分地区实施社会统筹与个人账户相结合的养老保险制度。企业缴纳基本养老保险费的比例一般不得超过企业工资总额的20%（包括划入个人账户的部分），具体比例由省、自治区、直辖市人民政府确定。少数省、自治区、直辖市因离退休人数较多、养老保险负担过重，确需超过企业工资总额20%的，应报劳动部、财政部审批。个人缴纳基本养老保险费（以下简称个人缴费）的比例，1997年不得低于本人缴费工资的4%，1998年起每两年提高1个百分点，最终达到本人缴费工资的8%。有条件的地区和工资增长较快的年份，个人缴费比例提高的速度应适当加快。2005年新颁发的《国务院关于完善企业职工基本养老保险制度的决定》对各种缴费比例没有做变动，但扩大了基本养老保险覆盖范围，即当前及今后一个时期，要以非公有制企业、城镇个体工商户和灵活就业人员参保工作为重点。

《国务院关于完善企业职工基本养老保险制度的决定》（以下简称"新决定"）规定：从2006年1月1日起，个人账户的规模统一由本人缴费工资的11%调整为8%，全部由个人缴费形成，单位缴费不再划入个人账户。《国务院关于建立统一的企业职工基本养老保险制度的决定》实施后参加工作、缴费年限（含视同缴费年限，下同）累计满15年的人员，退休后按月发给基本养老金。基本养老金由基础养老金和个人账户养老金组成。退休时的基础养老金月标准以当地上年度在岗职工月平均工资和本人指数化月平均缴费工资的平均值为基数，缴费每满1年发给1%。个人账户养老金月标准为个人账户储存额除以计发月数，计发月数根据职工退休时城镇人口平均预期寿命、本人退休年龄、利息等因素确定。《国务院关于建立统一的企业职工基本养老保险制度的决定》实施前参加工作，新决定实施后退休且缴费年限累计满15年的人员，在发给基础养老金和个人账户养老金的基础上，再发给过渡性养老金。各省、自治区、直辖市人民政府按照待遇水平合理衔接、新老政策平稳过渡的原则，在认真测算的基础上，制定具体的过渡办法，并报劳动和社会保障部、财政部备案。新决定实施后达到退休年龄但缴费年限累计不满15年的人员，不发给基础养老金；个人账户储存额一次性支付给本人，终止基本养老保险关系。而在新决定实施前已经离退休的人员，仍按国家原来的规定发给基本养老金，同时执行基本养老金调整办法。

2. 失业保险

失业保险是为遭遇失业风险、收入暂时中断的失业者设置的一道安全网。它的覆盖范围通常包括社会经济活动中的所有劳动者。我国于1999年1月22日颁布的《失业保险条例》规定，企事业单位按本单位工资总额的2%缴纳失业保险费，职工按本人工资的1%缴纳失业保险费，政府提供财政补贴、失业保险基金的利息和依法纳入失业保险基金的其他资金。

失业保险的开支范围：失业保险金，领取失业保险金期间的医疗补助金，领取失业保险金期间死亡的失业人员的丧葬补助金和其供养的配偶、直系亲属的抚恤金，领取失业保险金期间接受的职业培训和职业介绍补贴，国务院规定或批准的与失业保险有关的其他费用。享受失业保险待遇的条件为：所在单位和本人按规定履行缴费义务满1年，非因本人意愿中断就业，已办理失业登记并有求职要求。同时具备以上三个条件者才有申请资格。

关于失业保险金的给付期限，具体的规定是，最长为24个月，最短为12个月。其中累计缴费时间满1年不足5年的，给付期最长为12个月；满5年不满10年的，给付期最长为18个月；10年以上的，给付期最长为24个月。对于连续工作满1年的农民合同制工人，根据其工作时间长短支付一次性生活补助。

3. 医疗保险

医疗保险是指由国家立法，通过强制性社会保险原则和方法筹集医疗资金，保证人们平等地获得适当的医疗服务的一种制度。为了实现我国职工医疗保险制度的创新，在总结我国医疗保险制度改革试点单位的经验，借鉴国外医疗保险制度的成功做法的基础上，1993年，党的十四届三中全会决议明确指出，要建立社会统筹与个人账户相结合的新型职工医疗保险制度。1998年颁布的《国务院关于建立城镇职工基本医疗保险制度的决定》规定，城镇所有用人单位，包括企业（国有企业、集体企业、外商投资企业私营企业等）、机关、事业单位、社会团体、民办非企业单位及其职工，都要参加基本医疗保险。乡镇企业及其职工、城镇个体经济企业业主及其从业人员是否参加基本医疗保险，由各省、自治区、直辖市人民政府决定。基本医疗保险费由用人单位和职工共同缴纳。用人单位缴费率应控制在职工工资总额的6%左右，其中的30%左右划入个人账户；职工缴费率一般为本人工资收入的2%。

4. 工伤保险

工伤保险是针对那些最容易发生工伤事故和职业病的工作人群的一种特殊社会保险。我国的工伤保险制度最初建立于1950年，1996年颁布《企业职工工伤保险试行办法》。2003年4月27日由国务院颁布的《工伤保险条例》自2004年1月1日起开始施行。随着我国经济社会的发展，《工伤保险条例》在实施过程中出现了一些新情况、新问题，为了解出现的问题，人力资源和社会保障部在认真总结条例实施经验的基础上，于2010年12月8日通过了《国务院关于修改〈工伤保险条例〉的决定》，并自2011年1月1日起施行。修改后的《工伤保险条例》主要是扩大了其适用范围，提高了工伤保险费的统筹层次，缩短了特定案例工伤认定时间，增设了劳动能力再次鉴定和复查鉴定的期限等。与养老、医疗、失业保险不同，工伤保险除了体现社会调剂、分散风险的社会保险一般原则，还体现了预防工伤、减少事故和职业病的发生率、体现企业责任等原则。因此，我国采取了与国际接轨的做法，对于工伤保险费不实行统一的费率，而是根据各行业的伤亡事故风险和职业危害程度实行不同的费率，主要包括差别费率和浮动费率两种形式。

首先，我国根据各行业的伤亡事故风险和主要危害程度划分职业伤害风险等级，据此征收行业的差别费率。比如，大连市人民政府2004年公布的行业风险等级以及差别费率的分类中，将行业类别分为一类甲乙丙、二类甲乙丙和三类甲乙共8个等级，其中一类甲的行业如金融行业、文化艺术行业的工伤保险基准费率最低,为0.5%;三类乙的行业如石油天然气开采、黑色金属采矿业的工伤保险基准费率最高,为2.0%;其他的行业如仓储业、邮政业、汽车运输业的等级为一类丙,工伤保险费率为0.7%;家具制造业、橡胶制品业、公共设施管理业的等级为二类乙,工伤保险费率为1.3%。其次,在实行差别费率的情况下,政府还要根据各行业或企业的安全生产状况和费用收支情况,定期调整收费率,调整的幅度为本行业标准费率的5%~40%,这种定期调整企业所缴纳的保险费率的机制,体现了对企业的安全工作进行奖励或惩罚的原则,有利于促进企业重视安全生产,加强安全生产工作。

5. 生育保险

20世纪60年代末以来,我国一直采取由女职工所在单位作为保险责任主体的做法,即由女职工所在的单位承担女职工的生育费用和由于生育带来的经济损失的保险办法。这在当时并不是一种完全意义上的社会保险,而是一种企业保险。但是这种做法逐渐变得对女性就业极为不利。因此,1986年以后,我国开始了对生育补偿方式的探索。1994年12月1日,劳动部颁发了《企业职工生育保险试行办法》,对生育保险制度提出了一些原则性的意见。这份文件基本上肯定和采纳了生育费用由社会统筹的模式,提出由企业按其工资总额的一定比例向社会保险经办机构缴纳生育保险费,建立生育保险基金。生育保险费由当地人民政府根据实际情况确定,但最高不超过工资总额的1%。企业缴纳的生育保险费列入企业管理费用,职工个人不缴纳生育保险费。女职工生育的检查费、接生费、手术费、住院费和药费都由生育保险基金支付,超出规定的医疗服务费和药费由职工个人负担。产假期间生育津贴按照本企业上年度职工月平均工资计发,由生育保险基金支付。

依据2011年7月施行的《中华人民共和国社会保险法》的规定,为完善生育保险制度,进一步促进妇女公平就业,保障女职工生育期间获得经济补偿和基本医疗服务,人力资源和社会保障部起草了《生育保险办法(征求意见稿)》,主要对生育保险适用范围、生育保险基金的筹集和使用、生育保险待遇、生育保险经办管理和监督、相关法律责任等内容做了具体规定。

二、住房公积金

为了加强对住房公积金的管理,维护住房公积金所有者的合法权益,促进城镇住房建设,提高城镇居民的居住水平,国务院于1999年4月颁布了《住房公积金管理条例》,并于2002年3月对该条例进行了相应的修改。住房公积金是指单位及其在职员工缴存的长期住房储金,包括员工个人缴存的住房公积金和员工所在单位为员工缴存的住房公积金,它属于员工个人所有。员工住房公积金的月缴存额为员工本人上一年度月平均工资乘以员工住房公积金缴存比例。单位为员工缴存的住房公积金的月缴存额为员工本人上一年度月平均工资乘以单位住房公积金缴存比例。我国住房公积金设有专门机构进行管理,且实行专款专用。《住房公积金管理条例》只规定了住房公积金缴存比例的范围,没有明确的比例。《住房公积金管理条例》第十八条规定,职工和单位住房公积金的缴存比例均不得低于职工上一年度月平均工资的5%;有条件的城市,可以适当提高缴存比例。

三、法定假期

1. 公休假日

公休假日是劳动者工作满一个工作周之后的休息时间。《中华人民共和国劳动法》(以下简称《劳动法》)第三十八条规定,用人单位应当保证劳动者每周至少休息1天。

2. 法定休假日

法定休假日是由国家法律、法规统一规定的用以开展纪念、庆祝活动的休息时间。根据2024年11月公布的《国务院关于修改〈全国年节及纪念日放假办法〉的决定》(2025年1月1日起施行),我国全体公民放假的节日包括:元旦,放假1天(1月1日);春节,放假4天(农历除夕、正月初一至初三);清明节,放假1天(农历清明当日);劳动节,放假2天(5月1日、2日);端午节,放假1天(农历端午当日);中秋节,放假1天(农历中秋当日);国庆节,放假3天(10月1日至3日)。《劳动法》规定,法定休假日安排劳动者工作的,支付不低于工资的300%的工作报酬。

3. 带薪年休假

《劳动法》第四十五条规定,国家实行带薪年休假制度。2007年12月14日,国务院颁布了《职工带薪年休假条例》,自2008年1月1日起施行。按照规定,机关、团体、企业、事业单位、民办非企业单位、有雇工的个体工商户等单位的职工连续工作1年以上的,享受带薪年休假(以下简称"年休假")。职工在年休假期间享受与正常工作期间相同的工资收入。职工累计工作已满1年不满10年的,年休假5天;已满10年不满20年的,年休假10天;已满20

年的，年休假 15 天。国家法定休假日、休息日不计入年休假的假期。各单位可根据生产、工作的具体情况，并考虑职工本人意愿，统筹安排职工年休假。在一个年度内可以集中安排，也可以分段安排，一般不跨年度安排。单位因生产、工作特点确有必要跨年度安排职工年休假的，可以跨一个年度安排。单位确因工作需要不能安排职工休年休假的，经职工本人同意，可以不安排职工休年休假。对职工应休未休的年休假天数，单位应当按照该职工日工资收入的 300％支付年休假工资报酬。

4. 其他假期

在员工福利中通常还包含病假。病假是指在员工因病无法上班时，企业仍然继续支付薪酬的一种福利计划。1995 年劳动部《关于贯彻执行〈中华人民共和国劳动法〉若干问题的意见》第 59 条规定，职工患病或非因工负伤治疗期间，在规定的医疗期间内由企业按有关规定支付其病假工资或疾病救济费，病假工资或疾病救济费可以低于当地最低工资标准支付，但不能低于最低工资标准的 80％。另外，劳动部于 1994 颁布的《企业职工患病或非因工负伤医疗期规定》第三条规定，企业职工因患病或非因工负伤，需要停止工作医疗时，根据本人实际参加工作年限和在本单位工作年限，给予 3 个月到 24 个月的医疗期。

在我国，员工还可以享受探亲假、婚假、产假与配偶生育假等。探亲假的享受对象是工作满一年后与配偶或父母不住在一起的员工。婚假是达到法定结婚年龄的劳动者本人结婚时依法享受的假期。符合生育政策的女职工可以享受产假，而男职工可以享受配偶生育假以照顾分娩的妻子。

第八章　薪酬预算、控制与沟通

第一节　薪酬预算

一、薪酬预算的概念

预算就是特定的主体决定要实现怎样的目标以及准备以何种成本或代价来实现这一目标的过程。对于任何一种经济活动，通过预算来进行成本控制都是不可或缺的一个环节。鉴于薪酬问题在经济上的敏感性及其对企业财务状况的重要影响，薪酬预算理所当然地成为企业战略决策过程中的一个关键问题。它要求管理者在进行薪酬决策的时候，必须把企业的财务状况、所面临的市场竞争压力及薪酬预算、薪酬控制等问题放在一起进行综合考虑。同样，在决定更新企业的薪酬结构、为员工加薪或实施收益分享计划时，薪酬预算也是确保薪酬成本不超出企业承受能力的一个重要措施。

所谓薪酬预算，实际指管理者在薪酬管理过程中进行的一系列成本开支方面的权衡和取舍。举例来说，在新的财务年度，管理者需要综合考虑外部市场的薪酬水平、员工个人工作绩效、企业经营业绩和生活成本的变动情况等各种要素，并对这些要素在加薪中分别占据的比重进行权衡。这种权衡还发生在长期奖金与短期奖金之间、绩效加薪与资历加薪之间及直接货币报酬与间接福利支出之间。此外，是主要以薪酬作为激励手段还是转而用其他人力资源管理手段来激励员工，同样是一个值得考虑的问题。在企业财务资源一定的情况下，企业在薪酬管理、人员配备、员工培训和其他一些管理举措中所制定的财务预算存在着一种此消彼长的关系。因此，薪酬预算的规模可以清晰地反映企业的人力资源战略重心，薪酬预算也是整个人力资源方案中的重要组成部分，直接关系企业的经营状况和员工的心理感受。在这种情况下，如果企业在薪酬预算方面不存在正式的制度，而是任由管理者自由决定，就很可能出现在各种人力资源管理手段方面的投入存在较大偏差的情况，员工可能无法得到公平和公正的对待。为了避免出现这种情况，任何管理系统都应该追求操作的规范化，以利于企业实现提高效率、促进公正和手段合法等薪酬管理目标。

二、薪酬预算的目标

企业是由一定数量和质量的员工组成的集合，这些员工聚集在一起，在实现企业经营目标的同时，也为实现特定的个人目标而努力。从这个意义上来说，薪酬实际上是企业与员工之间达成的一份契约，它体现了雇佣双方就彼此的付出和给予达成一致意见。正是凭借这一契约，员工个人与企业之间的交换才得以实现。因此，在制定薪酬预算时，企业希望实现以下两个方面的目标。

（1）合理控制员工的流动率，降低企业的劳动力成本。

发生在企业与员工之间就劳动力和薪酬所进行的交换要遵循经济学中最基本的规律：双方都想在提供最小投入的情况下从对方获得最大的产出。具体到企业，当它从员工方面得到的收益逐渐增多时，它在购买劳动力时需要支付的成本也在逐渐上升。因此，在企业劳动力成本的变动过程中，一定会出现这样一个点，在该点处能够满足企业的边际劳动力成本等于它所获得的边际劳动力收益，即达到所谓的均衡状态。而薪酬预算最重要的目标就在于找到这一个均衡点，以实现劳动力成本和企业收益之间的平衡，保证企业所有者的收益最大化目标得以实现。

（2）有效影响员工的行为。

具体来说，薪酬预算对员工行为的影响主要包括两个方面，即员工流动率和员工绩效表现。

首先，员工流动率受到雇佣关系中诸多因素的影响，而薪酬水平是其中非常重要的一个因素。企业期望与大多数员工建立起长期稳定的雇佣关系，以充分利用企业的人力资源储备，并节约招聘、筛选、培训和解雇方面的支出；而员工通常会要求得到至少等于、最好超过其自身贡献的回报，否则就有可能终止与企业的雇佣关系。鉴于此，企业在制定薪酬预算的时候，必须考虑如何能够既有效地控制劳动力成本，又保持一个较为合理的员工流动率。

其次，员工绩效表现对于企业而言是至关重要的。为了促使员工表现出优良的绩效，最简单的一种方法就是把绩效要求与特定职位结合在一起，员工在与企业建立雇佣关系的同时就已经明确了其需要达到的绩效标准。从薪酬预算的角度来说，如果企业在绩效薪酬或浮动薪酬方面增加预算，而在基本薪酬的增长方面注意控制预算的增长幅度，再根据员工的绩效表现提供奖励，那么员工必将重视自身职责的履行及有效业绩的实现，而不是追求职位的晋升或在加薪方面盲目攀比。

三、薪酬预算的关键决策

在制定薪酬预算的过程中，企业需要做出以下关键决策。

（1）什么时候对薪酬水平进行调整。即企业在一年中的什么时间为员工调薪的问题。调薪时间不一样，调薪方案给企业带来的经济压力也是不同的。例如，如果一份准备将公司的整体薪酬水平提高5％的薪酬预算是在年初提出的，那么意味着本年度员工薪酬总体支出会增加5％；但如果这份预算是在年中提出的，则企业只需为该预算多支付相当于薪酬总额2.5％的财务支出。

（2）对谁的薪酬水平进行调整。即薪酬方案的参与率问题。在企业加薪总额一定的情况下，员工的参与比例越高，每个人可以得到的加薪额度就越小。在现实中，一般刚刚加入企业的员工不会马上得到加薪，根据企业政策的不同，等待期可能是6个月到1年。

（3）企业的员工数量是增加还是减少了，这种变动是何时出现的。企业员工数量对企业的整体薪酬支出水平影响极大，当员工数量增加或流动比较频繁时，企业的平均薪酬水平可能会随之降低。与调薪的时间问题一样，在不同时间对员工数量进行调整，对企业所产生的影响也是不同的。

（4）员工的流动状况怎样。对各个部门的预期流动率进行估计往往很困难，但根据市场情况和历年经验对企业整体流动情况进行评估会较简单。按照估计的流动水平，结合流动效应进行考虑，可以在很大程度上增加企业薪酬预算的准确性和时效性。

（5）企业中的职位状况会发生哪些变化。能够对企业里的职位状况产生影响的因素有很多。以技术水平为例，对于特定职位，当其技术含量提高时，员工薪酬也相应提高。因此，在制定薪酬预算时，应综合考虑企业内部职位发生的整体变化及各种职位人数的增减状况。

如前所述，薪酬预算在经济上具有相当的敏感性，对企业的财务状况有着决定性的意义。它可以清晰地反映企业的人力资源战略，直接关系企业的经营状况和员工的心理感受。

四、薪酬预算的环境

在做薪酬预算之前，对企业的内部环境和外部环境加以了解是十分必要的。通过这一步骤，企业可以更清楚地了解目前的处境、市场和竞争对手的真实状况以及所面临的机遇与挑战，并制定相应的策略。

1. 外部环境

任何企业与其所处市场会有不可分割的联系。从薪酬预算的角度来看，了解外部市场的一种常见方式就是进行薪酬调查。通过薪酬调查，企业可以收集到有关基准职位的市场薪酬水平方面的信息，把它们与企业的现实状况进行比较，有助于企业判断自己在劳动力市场上的定位，从而为薪酬预算的制定提供准确的依据。不仅如此，随着市场经营环境的不断变化和企业自身情况的改变，有目的地进行市场薪酬调查，对于企业保持优势地位及确保薪酬预算的时效性是十分必要的。

进行薪酬调查时，要注意调查数据的时限。薪酬调查的结果代表的是调查时的市场状况，当它们最终被企业应用时，不可避免地会出现时滞的问题。因此，根据这些数据对企业的薪酬水平和薪酬结构进行调整时，要把劳动力市场的持续变动情况考虑在内，注意不断地对有关数据进行调整和更新。

2. 内部环境

企业制定薪酬预算的内部环境主要取决于企业既有的薪酬决策和它在招聘、保留员工方面支出的费用。为了清楚地把握内部状况，企业必须考虑以下问题：哪些员工会一直留在企业里？他们会达到怎样的薪酬水平？哪些离开企业的员工的薪酬水平如何？企业需要聘用怎样的新员工？他们应当得到多少薪酬？

企业内部环境的变动主要是员工队伍发生的变化，如员工数量的增减及员工的流动。通常情况下，员工数量的增加和员工流动的加剧都会降低企业的平均薪酬水平。这是由于新员工大多处于薪酬等级的底层，资深员工处于薪酬等级的上层。当有新员工代替已有员工或增加新员工时，就有可能使整体薪酬水平下降；而当员工数量减少或员工流动速度减缓时，则会产生相反的效应。

以员工流动为例。几乎所有的企业都会因为员工辞职、退休或被解雇而面临员工队伍的更替。特定职位员工更替所导致的薪酬差额称为"流动效应"。这种流动效应的规模可以用以下公式表示：

员工流动效应＝年度流动率×计划中的加薪额

举例来说，某企业的年度人工成本支出为1000000元，劳动力流动率为15％，计划中的平均加薪率为6％，那么整体流动效应就应该是9000元（1000000元×15％×6％）。为了达到该年度6％的加薪目标，企业的薪酬预算就是51000元，而不是60000元。值得注意的是，员工流动对于企业而言并非总是一桩占便宜的"买卖"。核心员工的流动会导致企业人力资本储备的丧失。离职员工的工作可能需要雇用临时员工或依靠其他员工加班来完成，而这种代价可能是高昂的。同时，雇用和培训新员工的成本也不能忽视。因此，在为制定薪酬预算而考虑有关员工流动的问题时，进行成本－收益分析至关重要。

另一个影响内部环境的因素是技术的进步。当科学技术的发展带来企业技能水平的总体上升时，即使员工总数量减少，平均薪酬水平也会有所提升，而这种提升会给企业的薪酬预算带来影响。

3. 生活成本的变动

企业在制定薪酬预算时，考虑生活成本的变动情况是一种很自然的做法，毕竟薪酬最基本的作用就在于满足员工生活开支方面的需求。在通货膨胀比较严重时，如果企业对薪酬水平的调整跟不上生活成本的剧烈波动，往往会造成员工的强烈不满，甚至导致企业经营危机。

对员工的生活成本进行衡量不是一件容易的事，因为它关乎员工的消费模式、婚姻状况、抚养人数、年龄甚至居住地之间的地域差别；员工的生活成本也与员工薪酬存在一定的关联。为了简便，企业普遍采取的做法是以消费价格指数（Consumer Price Index，CPI）作为参照物，以产品和服务价格的变化来反映实际生活水平的变化情况。

实践证明，这一做法在多数情况下都可以满足需要。然而现在有不少人对这种做法提出了不同意见。比较重要的理由可以概括为三个方面：首先，消费价格指数忽略了个人消费模式中的替代效应，即当一种商品的价格突然大幅上涨时，消费者可能会选择用更便宜的其他商品来代替，而不是像消费价格指数所假设的那样固定不变。其次，消费价格指数假定的消费结构可能是不合理的。举例来说，当房租突然上涨时，对于必须租房的人来说无疑是一场灾难，却不会给未租房的人带来任何影响。但消费价格指数通常是一概而论的，并没有细化出房租上升对不同的人所造成的不同影响。最后，消费价格指数中所设计的消费组合并不能充分代表全体消费者，只能代表部分人的消费习惯。由此可见，根据消费价格指数来衡量生活成本的变动，只能算一种比较粗略的做法，它在企业制定薪酬预算时可以作为一种有益的参考。如果企业需要更精确地对生活成本的变化情况进行衡量，则需要进行更细致的研究。

4. 企业的薪酬现状

企业在制定薪酬预算时必然会以薪酬现状为参考。薪酬现状涵盖了企业薪酬管理的方方面面，主要有以下几个方面：

(1) 上年度的加薪幅度。

相对于企业本年度的薪酬预算，上年度的加薪幅度可以作为一种参考，目的是确保企业尽量保持不同年份薪酬政策的一致性和连贯性，并在年度支出方面进行平衡。这种做法对于保持企业结构的稳定性、给员工提供心理上的保障、实现稳健经营是十分必要的。在数量上，上年度的加薪幅度可用以下公式计算：

$$上年度的加薪幅度 = \frac{年末平均薪酬 - 年初平均薪酬}{年初平均薪酬} \times 100\%$$

(2) 企业的支付能力。

在其他因素一定的情况下，企业的支付能力是其自身财务状况的函数。当企业的财务状况良好时，它往往具备保持其在劳动力市场上的优势竞争地位的实力，同时还可以通过收益分享和利润分享等方案与员工分享企业的良好经营绩效。而当财务方面出现问题时，企业通常会采取裁员、缩小基本薪酬上涨幅度或缩减可变薪酬的做法来渡过难关。

(3) 企业现行薪酬政策。

企业现行薪酬政策主要分为两大类，即现行的薪酬水平政策和薪酬结构政策。薪酬水平政策可能涉及的问题包括：企业要做特定劳动力市场上的薪酬领袖、跟随者还是拖后者？哪些职位应得到水平较高的薪酬？薪酬结构政策可能涉及的问题包括：在企业薪酬水平决策中，外部竞争性和内部一致性所起的作用中，哪一个更大？企业有多少个薪酬等级？各个薪酬等级之间的重叠范围是否足够大？员工在什么情况下会获得加薪？对现行薪酬政策的考察可能还涉及其他问题，包括：当前企业中员工薪酬的具体状况如何？员工和管理者对当前薪酬状况的满意度如何？通过对这些问题的回答和反思，企业才有机会总结经验、正视不足、发现问题并认识到改进的迫切性，从而在薪酬预算和控制中有的放矢，提升管理活动的针对性和有效性。

五、薪酬预算的方法

1. 宏观接近法

宏观接近法是指首先对公司的总体业绩指标做出预测,然后确定企业能够接受的新的薪酬总额,最后按照一定比例分配给各个部门的管理者,由管理者进一步分配给员工。因此,特定企业中这一流程所需层级数与企业结构的繁简程度成正比。在结构比较复杂的传统企业里,这一过程往往更加复杂,如果管理不力,很可能给企业带来较高的管理成本。

下面结合企业的实践经验,具体介绍采用宏观接近法进行预算控制的三种基本操作方法。

(1)根据薪酬费用比率推算合理的薪酬费用总额。

在企业采取的各种薪酬预算方法中,这是最简单、最基本的分析方法之一。在企业的经营业绩稳定且增长适度的情况下,管理者可以由本企业过去的经营业绩推导出适合本企业的安全的薪酬费用比率,并以此为依据对未来的薪酬费用总额(包括福利)制定预算;若本企业的经营水平不佳,则应参考行业的一般水平确定合理的薪酬费用比率,并由此推算合理的薪酬费用。薪酬费用比率的计算公式如下:

$$薪酬费用比率 = 薪酬费用总额 \div 销售额$$

由上式可知,如果要在维持一个合理的薪酬费用比率的前提下使薪酬费用总额有所上升,就必须增加销售额。应该注意的是,这里所说的薪酬费用总额是指为雇用员工所支付的一切费用。根据通常的经验,薪酬费用总额与销售额的比值大致为14%,具体数值因企业的规模和行业而异。

假设某公司根据过去数年的经营业绩得出本企业的合理薪酬费用比率为12%,公司现有员工100名,每人月平均薪酬水平(含福利)为4000元,则现有的年度薪酬费用总额和销售额为:

$$薪酬费用总额 = 4000 \times 12 \times 100 = 480(万元)$$
$$销售额 = 480 \div 12\% = 4000(万元)$$

假设公司预测年销售额可以增加10%,即:

$$目标销售额 = 4000 \times (1+10\%) = 4400(万元)$$
$$目标薪酬费用总额 = 4400 \times 12\% = 528(万元)$$
$$薪酬费用总额增长率 = (528-480) \div 480 = 10\%$$

也就是说,企业销售额提高10%,其薪酬费用总额可增加10%;反过来,若企业加薪10%，就必须实现销售额增长10%的经营目标。

（2）根据盈亏平衡点推算合理的薪酬费用比率。

盈亏平衡点是指在该点处企业销售产品和服务所获得的收益恰好能够弥补其总成本（含固定成本和可变成本）而没有额外盈利（指没有经济利润，并不是指没有会计利润，它包含了机会成本的概念）。也就是说，企业处于不盈不亏但尚可维持的状态。这种状态可以用图8.1中的点A来表示。

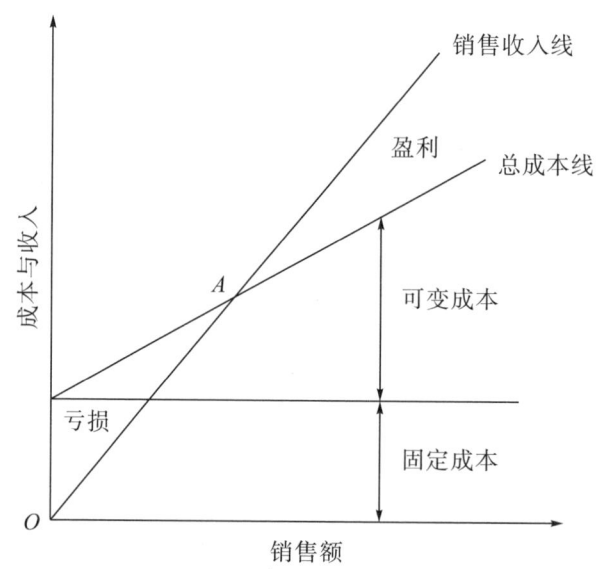

图8.1　盈亏平衡点与薪酬费用比率决策

除了盈亏平衡点，还要用到边际盈利点和安全盈利点两个概念。边际盈利点是指销售产品和服务带来的收益不仅能够弥补全部成本支出，而且可以付给股东适当的股息。安全盈利点是指在确保股息之外，企业还能得到足以应付未来可能发生的风险或危机的一定盈余。显然，这三个点与企业销售额是密切相关的，而可能实现的销售额又直接关系到薪酬费用总额。

盈亏平衡点、边际盈利点和安全盈利点所要求的销售额的计算公式分别是：

盈亏平衡点＝固定成本÷(1－变动成本比率)

边际盈利点＝(固定成本＋股息分配)÷(1－变动成本比率)

安全盈利点＝(固定成本＋股息分配＋企业盈利保留)÷(1－变动成本比率)

根据上面三个公式，可以推断出企业的几种薪酬费用比率：

薪酬支付的最高比率（最高的薪酬费用比率）＝薪酬费用总额÷盈亏平衡点

薪酬支付的可能限度（可能的薪酬费用比率）＝薪酬费用总额÷边际盈利点
薪酬支付的安全限度（安全的薪酬费用比率）＝薪酬费用总额÷安全盈利点

假定某公司的固定成本为 2000 万元（含薪酬费用总额 1200 万元），变动成本比率为 60％，则在实现盈亏平衡时，有：

盈亏平衡点＝2000÷(1－60％)＝5000（万元）

最高的薪酬费用比率＝1200÷5000＝24％

在实现边际盈利时，假设公司要实现 600 万元的微弱盈利，则：

边际盈利点＝(2000＋600)÷(1－60％)＝6500（万元）

可能的薪酬费用比率＝1200÷6500＝18.5％

假设公司除有适当盈余 600 万元外，还要为企业的发展保留 1000 万元的盈余，则：

安全盈利点＝(2000＋600＋1000)÷(1－60％)＝9000（万元）

安全的薪酬费用比率＝1200÷9000＝13.3％

也就是说，在采用成本费用结构的企业里，比较恰当的薪酬费用比率应当是 13.3％，如果达到 18.5％或者 24％，则该企业的经营已经超出常规限度，说明企业可能处于比较危险的状态。

（3）根据劳动分配率推算合理的薪酬费用总额。

这里所说的劳动分配率是指在企业所获得的附加价值中，用来作为薪酬开支的费用比率。其计算公式是：

劳动分配率＝薪酬费用总额÷附加价值

式中，附加价值指企业本身创造的价值，在性质上类似于家庭的可支配收入。它是生产价值中扣除外购材料或劳动力的费用之后，附加在企业上的价值。它是企业进行劳动力和资本分配的基础。附加价值的计算方法有两种：一种是扣减法，即从销售额中减去原材料等外购的由其他企业创造的价值；另一种是相加法，即将形成附加价值的各项因素相加。计算方法分别是：

附加价值＝销售额－外购部分
　　　　＝销售净额－当期进货成本－（直接原材料＋购入零配件＋
　　外包加工费＋间接材料）

附加价值＝利润＋薪酬费用＋其他形成附加价值的各项费用
　　　　＝利润＋薪酬费用＋财务费用＋租金＋折旧＋税收

通常情况下，在企业附加价值中，大型企业的劳动分配部分约占 40％，而小型企业为 55％左右。

假设某公司目标销售额为 5800 万元，其附加价值比率（附加价值/销售

额)为40%,目标劳动分配率为45%,则企业可用的薪酬费用总额为:
$$5800 \times 40\% \times 45\% = 1044（万元）$$

反之,若企业要使薪酬费用总额上涨到1570万元,则必须实现的销售额为:
$$1570 \div 45\% \div 40\% = 8722（万元）$$

此外,还可以利用劳动分配率求出合理的薪酬调整比率。假设某公司上年度薪酬费用总额为1225万元,附加价值为2998万元,本年度第一季度薪酬费用总额为423万元,附加价值为986万元。按照惯例,企业拟从4月份起调整薪酬,预计今后三个月的月平均附加价值可达364万元,则合理的薪酬调整幅度的计算如下:

上年度劳动分配率=1225÷2998=102.1(月平均)÷250(月平均)=41%
本年度第一季度劳动分配率=423÷986=141(月平均)÷329(月平均)=43%

可见,本年度第一季度的劳动分配率与上年度相差不大。经营者通过综合考虑各种因素,认为本年度第二季度的劳动分配率与第一季度相同,仍为43%,则:

第二季度月平均目标薪酬费用总额=364×43%=156.52(万元)

而公司4月份平均薪酬调整幅度为:
$$156.52 - 141 = 15.52（万元）$$

薪酬调整比率为:
$$15.52 \div 141 \times 100\% \approx 11\%$$

随着市场环境趋于复杂和企业员工构成日益多元化,现代企业一般都要求薪酬体系能够公平公正地向员工提供高质量和个性化的服务,这就意味着应该向不同的部门和员工支付不一样的薪酬。针对这种需要,大多数企业都在制定薪酬预算时采用了薪酬比较比率这一有效工具。它建立在这样的假设基础之上,即各部门的平均薪酬水平应该和企业总体的平均薪酬水平持平,同时这一水平也应恰好是企业的薪酬区间中值。那些比较比率小于1的部门就会加大加薪幅度,而比较比率大于1的部门的加薪范围则会相对小一些,从而实现整个企业范围内的大致均衡。

2. 微观接近法

与宏观接近法相对应,微观接近法指先由管理者预测出每位员工在下一年度的薪酬水平,再把这些数据汇总,最后得到整个企业的薪酬预算。在企业经营过程中,这一做法比宏观接近法更为常见。具体包括以下步骤:

（1）对管理者就薪酬政策和薪酬技术进行培训。

在采用微观接近法的情况下，各级管理者是决定企业薪酬预算能否顺利进行的最重要的力量，因此，在制定薪酬预算之前，有必要先对其进行培训。培训的主要内容应该包括企业的薪酬政策、薪酬增长政策线、预算技术及薪酬等级划分原则等。同时，就市场上的薪酬数据及其分布情况与这些管理者进行沟通也是十分必要的。

（2）为管理者提供薪酬预算工具和咨询服务。

工欲善其事，必先利其器。在实际的薪酬管理工作中，向管理者提供一定的工具是十分必要的，这些工具包括薪酬预算说明书和工作表格。薪酬预算说明书是对薪酬预算需要用到的技术及这些技术的具体使用方法做简要说明，它对管理者起到引导作用，也有助于提高管理效率，降低管理成本。工作表格主要提供特定员工在薪酬方面的一般信息，如该员工一贯的绩效表现、过去的加薪情况、过去的加薪时间。这些数据有助于确保管理者针对特定员工所采取的薪酬管理举措具有一致性和连贯性，更好地实现内部公平。另外，为了促进企业内部薪酬预算的顺利进行，持续地向管理者提供咨询建议、薪酬信息及技术和政策上的支持也非常重要。

（3）审核并批准薪酬预算。

在管理者就各个部门的薪酬预算形成初步意见之后，需要对这些意见进行进一步审核和批准。首先，对这些预算意见进行初步审核，使它们与企业已经制定的薪酬政策和薪酬等级符合。其次，把企业内部各个部门的薪酬预算意见汇总，进行总体调节和控制，确保内部公平性和外部一致性，保证各部门之间的平衡。最后，管理层进行集体决议，得出最终的预算意见，并确保得到决策层的批准。

（4）监督预算方案的运行情况，并向管理者反馈。

制定出薪酬预算方案并得到决策层的批准并不意味着薪酬预算的完结。从某种意义上讲，这一过程才刚刚开始。在预算方案下达到各个具体部门并执行的整个过程中，管理者必须对方案的执行状况进行监控，一方面要保持与员工的交流，了解他们的看法和态度，并对他们的反应做出积极、快速的反馈；另一方面要从企业全局出发，做好因时因地对方案进行调整的准备。

第二节 薪酬控制

一、薪酬控制的概念

薪酬控制是指为确保既定薪酬方案顺利落实而采取的相关措施。主要包括以下步骤：

（1）确定相关标准及若干衡量指标。
（2）将实际结果和既定标准进行比较。
（3）如果二者存在差距，明确并落实补救措施。

具体到薪酬管理方面，我们可以这样认为，企业通过薪酬预算，对其在薪酬方面的具体标准和衡量指标有了比较清晰的认识，而薪酬控制的主要作用就在于确保这些预定标准的顺利实现。

具体来说，在外部劳动力市场方面，由于企业在制定薪酬预算时通常要对市场平均薪酬水平、薪酬变动幅度等进行估计或预测，因此很多时候针对实际情况进行调查并及时调整预期是非常必要的。与此类似，企业在制定薪酬预算时采用的内部信息未必准确，且实际雇用状况存在随时变化的可能。在这种情况下，为了保证管理者对薪酬体系的监控和薪酬管理目标的顺利实现，实施有效的薪酬控制具有相当重要的意义。

对薪酬体系进行监控的主要目的在于对预期和实际情况进行对比。例如，企业在制定薪酬预算时，可能认为某种特定的薪酬设计会促使员工改进工作绩效，但这种预期并没有实现，其原因可能是多方面的。但是，如果预期落空的一个很重要的原因在于预算时的假设条件没有得到满足，那么需要改变的就是薪酬预算。

从这个意义上来说，薪酬预算和薪酬控制是不可分割的：企业的薪酬预算需要通过薪酬控制加以实现，在薪酬控制过程中对薪酬预算的修改意味着新的薪酬预算产生。薪酬预算和薪酬控制应该是持续不断地贯穿于薪酬管理的整个过程。

对日常经营活动（包括薪酬管理）进行监督和控制不是一件轻松的事。实际的薪酬控制要受到多种因素的制约。

(1) 控制力量的多样性。

在企业中,每个人都为实现企业的整体目标而完成自己的工作,也为实现个人目标而努力。他们不可避免地承受来自企业和其他员工的压力,同时向他人施加一定压力。企业的控制力量主要有三种:企业的控制体系、源于小团体或特定个人的社会控制及员工的自我控制。为了对企业的各项事宜(包括薪酬)进行有效监督,通常要求这三种控制力量互相整合,对员工发挥作用。但事实上,真正实现这种和谐的可能性极小,大多数时候,员工必须在各种冲突之间进行选择。这也是企业的控制体系总是处于次优状态的一个重要原因。

(2) 人的影响。

企业的控制体系在不同的时间和环境下,面对不同的对象会发挥不同的作用。如果各项工作职责的设计和履行彼此独立,工作周期又比较短,控制体系的作用就比较明显;如果是一名新员工,对控制力量本身有着较强的需求,控制的效果应该不会太差。但是,如果某项工作职责在最终结果出来之前要求员工接受多年培训并在很长一段时间内与不同职位的员工打交道,对其进行监督就不会有很明显的效果。在这种情况下,借助社会控制和自我控制的力量往往能够获得更理想的效果。

(3) 结果衡量的困难性。

在企业的日常运营过程中,对一些工作行为(如管理人员的经营决策正确与否)进行监督往往很困难,甚至不太可能。出于有效控制的目的,企业往往会针对其希望得到的结果制定若干衡量指标。这种做法在一定程度上是有效的,但它容易使员工把注意力集中在衡量指标而不是目标上。例如,一名管理者可能会把所有下属的绩效表现都评定为优秀,之所以这样做,可能并不是因为他们的绩效表现真的优秀,而是因为获得优秀评价能够加薪10%,管理者希望下属都能得到加薪。在这种情况下,衡量指标的制定和评价就成为控制行为的一部分。

二、薪酬控制的途径

在企业的经营过程当中,薪酬控制在很大程度上指对劳动力成本的控制。在大多数企业都有正式的薪酬控制体系。一般情况下,企业的劳动力成本可以用以下公式表示:

$$劳动力成本 = 雇用量 \times (平均薪酬水平 + 平均福利成本)$$

因此我们可以认为,劳动力成本主要取决于企业的雇用量及在员工基本薪酬、可变薪酬和福利支出，它们自然成了薪酬控制的主要着眼点。同时，企业所采用的薪酬技术，如职位分析和职位评价、技能薪酬计划、薪酬等级和薪酬宽带、收益分享计划等，也能够对薪酬控制发挥作用。

可以从三个方面进行薪酬控制：第一，通过控制雇用量来进行薪酬控制；第二，通过对平均薪酬水平、薪酬体系构成的调整以及有目的地设计企业的福利计划来达到控制薪酬的目的；第三，利用薪酬技术进行潜在的薪酬控制。

1. 通过雇用量进行薪酬控制

众所周知，雇用量取决于企业中的员工数量和他们的工作时间，通过控制这两个因素来管理劳动力成本可能是最简单、最直接的一种做法。很显然，在支付薪酬水平一定的情况下，员工的工作时间越长，企业就越有利可图。

（1）控制员工数量。

有证据表明，在股票市场上，无论是裁员还是关闭工厂都可算是利好消息。因为从市场来看，这些做法有助于改善企业的现金流量，有效控制企业的成本开支。当然，这种做法的负面作用也是很明显的：裁员不当可能会导致熟练员工的大量流失，从而直接影响企业的人力资本储备。

考虑到这样的问题，为了更好地管理企业的劳动力成本，许多企业会选择与不同的员工团体建立不同性质的关系：与核心员工之间的关系一般是长期取向的，而且彼此有很强的承诺；与非核心员工之间的关系则以短期取向居多，只局限于特定的时间段。非核心员工与核心员工相比，其成本相对较低，流动性却更大。因此，采用这种方式之后，企业可以在不触及核心员工利益的前提下，通过扩大或收缩非核心员工的规模来保持灵活性并达到控制劳动力成本的目的。

（2）控制工作时间。

与改变员工数量相比，改变员工的工作时间往往更加方便和快捷，所以这种做法在企业中更常见。很多国家都有明文规定，员工的工作时间超过正常周工作时间后，额外工作时间的薪酬应该按照原有薪酬水平的一定倍数来计算。因此对于企业，就需要在调整员工数量和调整工作时间两种做法之间做出选择，选择的依据是哪一种方式的成本有效性更高。

2. 通过薪酬水平和薪酬结构进行薪酬控制

此处的薪酬水平主要是指企业平均薪酬水平，薪酬结构主要涉及基本薪酬、可变薪酬和福利支出，以及各个具体组成部分所占比例。各种薪酬组成的水平不同，所占比例不同，对企业薪酬成本的影响也是不同的。

(1) 基本薪酬。

基本薪酬对薪酬预算与控制的最主要影响体现在加薪方面，而在原有薪酬水平之上的加薪一般基于以下两个原因：原有薪酬低于理应得到的水平；根据市场状况进行的调节，以更好地实现内部公平。任何一次加薪能够发挥的作用直接取决于加薪的规模、加薪的时间及加薪的员工参与率。

原有薪酬不足导致的加薪意味着起码要把基本薪酬提高到其应处薪酬等级的最低水平线上，这种做法的成本与以下因素有关：基本薪酬所得不足的员工数量，理应加薪的次数，实际加薪的规模。如果企业具有针对每次加薪幅度的政策规定，那么管理者就需要决定，为了弥补某员工的薪酬差额，应进行一次加薪还是两次或多次加薪。不同的决策显然会对企业的财务状况产生不同的影响。

根据市场状况或是企业内部公平情况来对基本薪酬水平进行调整，更多是为了确保和加强企业的地位。企业中的不公平既可能源于员工之间的同工不同酬，也可能源于上级和下属之间的紧张关系，在某些情况下还与工会和管理层之间的矛盾有关。

(2) 可变薪酬。

越来越多的企业开始在企业内部使用可变薪酬方案。支付形式包括利润分享、收益分享、团队奖励、部门奖金。它们给企业带来的成本是进行薪酬预算与控制时必须考虑的。

在提高薪酬水平给企业的薪酬控制带来的影响方面，可变薪酬与基本薪酬既有相同点，又有不同之处。一方面，可变薪酬能产生的影响取决于加薪的规模、加薪的时间及加薪的员工参与率。另一方面，由于大多数可变薪酬方案都是一年一度的，通常在每个财务年度的年底支付，因此它们对企业的影响只是一次性的，并不会作用于之后的年份。

在劳动力成本方面，可变薪酬相对于基本薪酬所占的比例越高，企业劳动力成本的变化余地就越大，管理者可以控制预算开支的余地也就越大。这对于今天崇尚灵活性和高效率的企业来说是一种不错的选择。

(3) 福利支出及其他。

根据对薪酬预算与控制的作用大小，可以把企业的福利支出分为两类：与基本薪酬相联系的福利及与基本薪酬基本没有联系的福利。前者多是像人寿保险和补充养老保险这样比较重要的福利。其本身变动幅度一般不大，但是由于与基本薪酬相联系，因而会随着基本薪酬的变化而变化。同时，由于它们在企业整体支出中所占比例较大，故会对薪酬预算和薪酬控制产生较大的影响。而后者主要是一些短期福利项目，如健康保险、牙医保险及工伤补偿计划等。其对于企业的薪酬状况发挥的作用相对小得多。

值得一提的是，福利支出成本还应该考虑有关管理费用。当企业内部实施的保险并非源于保险制度时，企业就必须向保险商缴纳一定的管理费用，在进行薪酬预算和控制时应考虑在内。

除基本薪酬、可变薪酬及福利支出外，可能对薪酬控制产生影响的因素还有很多，如带薪休假时间，其成本取决于劳动力本身的性质。当不享受加班工资的员工休假时，一般不需要其他员工代替，因此没有额外损失；当享受加班工资的员工休假时，必须把承担其工作任务的人员成本计算在内。

第三节　薪酬沟通

一、薪酬沟通的重要性

薪酬沟通是指企业有计划、有目的地就薪酬战略、薪酬设计思路、薪酬制度、薪酬政策及其他员工关心的薪酬信息与员工进行公开而坦诚的沟通和交流，促使他们正确地理解企业的薪酬体系所要传达的信息及鼓励的行为、态度和绩效结果，同时提高员工的薪酬满意度。

薪酬沟通的重要性之一在于它对员工的公平感有着显著的影响。薪酬管理的目的之一就是激励员工，如果他们认为企业提供的薪酬是不公平的，他们将很难受到激励。当员工产生薪酬不公平感时，他们很可能会采取对企业不利的做法，不仅如此，薪酬公平感还会影响他们是否愿意接受工作调动或升迁。由于员工的公平感建立在他们的感知基础上，因而企业可以通过一些工作来影响员工得到的信息，进而影响他们的感知。如果企业通过薪酬水平研究发现，支付的薪酬已经相当丰厚，就应当与员工进行沟通。有关员工福利的研究显示，员工在很大程度上低估了他们所享受福利的成本及市场价值。在这种情况下，企业在员工福利方面所做的努力实际上并没有让员工感知到，从而缺乏公平感和满意度。此外，员工感知到的薪酬收入和企业实际承担的薪酬成本往往存在较大的差距。

在薪酬管理中，沟通至关重要。在制订和实施奖励性薪酬计划的时候，与员工进行的沟通不仅有助于向员工展示公平性，更有可能促使员工表现出企业期望的行为。

随着企业对人才的争夺越来越激烈，员工对薪酬公平的要求越来越高，加之互联网的普及带来的信息快速传递，很多企业发现，主动与员工进行薪酬沟通的意义重大。一方面，缺乏薪酬沟通可能会使员工基于不完整的信息做出假设，对其的工作动机及工作结果产生极大影响。另一方面，在制定和执行薪酬方案时，有效的薪酬沟通可以促成更完善的薪酬体系。

二、薪酬沟通应注意的问题

一般来说，成功的薪酬沟通应该与企业的整体经营战略和沟通策略相一致，并且注意沟通的方式方法，开放多元化的沟通渠道，提高员工对薪酬的满意度，帮助企业吸引、保留和激励人才。薪酬沟通应注意以下几个方面的问题。

首先，随着经营环境的风险不断增大，企业薪酬方案调整的频率越来越高。薪酬沟通必须成为企业薪酬管理工作中的一种良好习惯，确保薪酬体系与企业的经营战略和结构相匹配。薪酬沟通必须时刻保持动态性和灵活性；必须上升到战略高度，结合企业状况加以考虑。有效的薪酬沟通能够很好地强化企业战略。

其次，薪酬沟通必须是公开、诚实和直接的，员工应该能够及时、准确、方便、高效地获得企业在薪酬方面的各种信息。薪酬沟通可以通过发放小册子、答疑会议、公司内网、备忘录及电子邮件等方式展开。

最后，薪酬沟通需要企业的管理人员和员工的共同努力。一方面，专业的薪酬管理人员掌握薪酬管理的一般原理，了解企业的薪酬制度、薪酬政策的目标及制定过程，所以，他们在与员工进行薪酬沟通时具有较大的优势。另一方面，部门管理人员更清楚员工的工作内容和职位等级等。他们既能够向员工解释企业的薪酬结构，又能够根据员工提出的问题向企业反馈。

薪酬沟通比其他管理沟通更复杂，对管理者的技巧和素质提出了更高的要求，在薪酬沟通方面不断努力、创新，有助于企业获得更加忠诚和满意度更高的员工。

三、薪酬沟通的步骤

1. 确定沟通目标

即企业需要确定就什么进行沟通及通过沟通要达到怎样的目的。当企业制定新的薪酬方案或对既有的薪酬方案进行改动时,企业的薪酬政策和薪酬方案的执行方式通常也需要进行相应的改革。例如,某企业以前实行普遍加薪制度,即依据资历决定加薪,经过改革后,新的薪酬制度改为以绩效为中心,并建立了完善的奖金激励方案。在一定层面上,这种变革也是企业文化的转变,它使得企业更加侧重于责任的承担和对绩效的认可。如果员工不能迅速准确地意识到这种企业文化的转变,必然会给新方案的推行带来一定的困难。因此,薪酬沟通不仅能够传达有关薪酬的最新信息,而且会影响到员工的态度和行为方式。

薪酬沟通的目标可概括为以下三个方面:一是确保员工完全理解新的薪酬体系,二是改变员工对自身薪酬决定方式的既有看法,三是鼓励员工在新的薪酬体系下做出最大的努力。

2. 收集薪酬相关信息

沟通目标确定之后,就应从决策层、管理者及员工处收集关于薪酬体系的评价、设想和期望。

首先,收集信息内容包括:员工对企业现有薪酬体系的了解程度如何?员工对企业中的薪酬沟通状况持怎样的看法?员工认为现在的沟通足够吗?管理者是否掌握了有效沟通薪酬福利信息的技能?如果企业中出现有关薪酬改革的传言,员工对此持何种态度?企业对薪酬公开或保密的态度如何?管理者和员工认为哪些沟通手段最有效?

其次,信息收集的方式主要包括问卷调查、目标群体调查、个人访谈等。

问卷调查是一种应用广泛的信息收集方式。当需要面对众多对象收集大量信息时,这种方式最有效。问卷由开放式问题和封闭式问题构成。这样可以就调查对象对关键问题的真实看法进行衡量和比较,又不会遗漏其他观点和意见,从而确保调查的全面性和针对性。

目标群体调查是指针对要调查的对象整体,即企业的员工和管理者,随机抽取一个小型样本展开调查。这是一种行之有效的信息收集方式。一般来说,每一个目标群体应该涵盖企业的各个部门,从而保持样本的充分代表性;同时，管理者和员工最好分属不同的目标群体。

个人访谈对象主要是企业决策层及首席执行官。通过了解企业高层对薪酬体系的看法（例如，薪酬体系应该是开放的还是封闭的，是正式的还是非正式的，是简单的还是复杂的，等等），设计更符合企业文化的薪酬沟通计划，从而节约时间和精力，减少管理过程中可能会出现的障碍。

除此之外，其他方法也有一定的可取之处。例如，利用企业中的非正式企业收集信息，根据员工对薪酬方案提出的疑问来发现问题，通过绩效面谈了解员工和管理者的看法。在不同的情况中，不同的信息收集方法会发挥不同的作用，满足企业的不同目的。

3. 制定沟通策略

在了解员工对薪酬方案的态度之后，可以在既定的目标框架下制定薪酬沟通策略。比如，有些企业采取市场策略，与向客户推销商品类似，目标员工和管理者充当客户的角色，薪酬沟通的目的在于有效控制客户对薪酬方案的预期和态度，提高客户满意度。这方面的相应措施包括：就客户对薪酬体系的反馈进行调查，准确告知客户现有薪酬制度的优势和不足，对企业最新的薪酬方案进行宣传。

也有一些企业采取技术策略。这种策略不太重视薪酬体系本身的质量，而是关注向客户提供尽可能多的技术细节，可能包括：企业的具体薪酬等级、特定薪酬等级的上限和下限、加薪的相关政策等。这种做法可以加深目标员工和管理者对薪酬体系的认识和理解，更好地实现沟通的目的。

4. 选择沟通媒介

薪酬沟通媒介分为视听媒介、印刷媒介、人际媒介和电子媒介。

视听媒介包括幻灯片、活动挂图、视频和远程电子会议等。

印刷媒介包括薪酬手册、书信、备忘录、企业内部刊物、薪酬方案摘要和薪酬指南等。

人际媒介包括大型或小型的薪酬会议、一对一的单独面谈。

电子媒介包括常用社交软件、电话问答系统、E-mail等。

要综合考虑沟通媒介的效果和研发成本。最有效的薪酬沟通媒介应该能够给双方提供互动机会，并充分传达信息。

5. 举行沟通会议

薪酬沟通会议的目的在于对薪酬方案进行解释和宣传，包括职位评价、市场数据调查和分析、薪酬等级的确定、奖金方案的制定、绩效评价体系及薪酬管理方面的问题。

会议中要沟通的信息可以分成流程型信息和政策型信息。流程型信息包括职位评价由谁进行、如何对市场信息进行分析、何时会调整薪酬等级等。政策型信息包括各薪酬等级的中值处于什么水平、为什么要对职能管理人员和技术人员采用不同的绩效评价方法、为什么要维持现有的薪酬差额等。

6. 评价沟通结果

薪酬沟通结果的评价包括：薪酬沟通的目标是否现实；收集到的有关员工态度和心理感受的信息的效度如何，是否足以说明问题；选择的沟通媒介是否有效；举行的薪酬沟通会议是否有效；员工是否已经消化了他们接收到的信息。

对薪酬沟通结果进行评价的最佳时期是薪酬沟通会议之后的 4~6 个月，可以采用问卷调查法、目标群体法或面谈法来收集反馈信息。

第九章　GDGS 公司薪酬体系设计实践

第一节　GDGS 公司薪酬体系现状

GDGS 公司的薪酬体系主要由经营者年薪制（试点）、结构工资制和其他人员固定工资制组成。

一、经营者年薪制主要内容

经营者年薪制主要由基础工资和效益工资两部分构成。以企业规模确定企业类别，以企业效益划分企业级别，共分为三类三级。经营者根据所任职企业的级别领取基础工资。效益工资包括资产增值工资和上交国有资产经营收益奖励两部分。

净资产增值工资以企业每年实际实现的净利润区别不同情况按照超额累进比例计提（表 9.1），不设上限。

表 9.1　净资产增值工资提取率

净资产增值额（万元）	提取率
50 以下	3.0%
50～100	1.0%
100～200	0.8%
200～400	0.6%
400～600	0.5%
600～1000	0.4%
1000～2000	0.7%
2000～3000	1.0%
3000 以上	2.0%

对于超额完成核定的保底利润者：

净资产增值工资＝保底利润×相应档次提取率＋超额部分×相应档次提取率

对于未能完成核定的保底利润者：

净资产增值工资＝实际完成净利润×相应档次提取率＋

未完成保底利润差额×相应档次提取率×2

（或净资产增值工资为负数，则以零计）

此外，净资产增值工资还与企业的资产负债率直接挂钩，具体为：经营者接任时企业资产负债率低于75%的，每年年底的资产负债率均不得超过75%，超过75%的，每超过1个百分点，扣减经营者净资产增值工资的2%。经营者接任时企业资产负债率高于75%的，根据以下不同情况调整经营者净资产增值工资：一是每年净资产负债率降低至董事会下达的目标或以下的，不扣减经营者净资产增值工资；二是每年净资产负债率未降低至董事会下达的目标的，每少降低1个百分点，扣减经营者净资产增值工资的2%；三是每年净资产负债率未降低反而提高的，每提高1个百分点，扣减经营者净资产增值工资的4%。经营者上缴国有资产收益奖励是指在规定上缴比例内的，按实际上缴金额的1.0%计提；超额上缴利润的，按实际上缴金额的3.0%计提。经营者基础工资按照集团公司核定的数额由其任职企业按月支付。效益工资的70%在当年年终结算后予以兑现。

二、结构工资制

结构工资制的适用对象基本为集团总部的所有员工，包括集团副总裁和非年薪制试点企业的子公司经营者（全资和控股子公司的经营者均由集团总部直接委派，其工资级别由集团公司决定）。结构工资制的主要构成为：

基本工资＋工龄工资＋岗位工资＋效益工资

工龄工资由社会工龄工资和公司工龄工资组成。岗位工资根据岗位性质和责任不同，划分为若干等级。效益工资的分配分为三种，不同等级设置不同的工资标准：一是子公司经营者。其效益工资根据所在企业当年实际实现的税后净利润按照确定的比例计提。二是贸易部门员工。其效益工资以部门为单位，根据当年各部门实际实现的税后净利润按照确定的比例计提效益工资总额，然后根据岗位级别进行分配。三是集团总部职能管理部门员工。其效益工资根据公司当年实际的整体经济效益（集团合并报表利润）按照一定的比例计提效益工资总额，再根据不同的岗位级别设置不同的分配系数进行分配（表9.2）。效益工资约占员工个人工资总额的50%。

表 9.2　结构工资制的岗位级别及效益工资系数

岗位级别				效益工资系数
总经济师 高经一级	总工程师 高工一级	副总经理	总会计师	2.80
高经二级	高工二级	总经理助理	高级会计师	2.60
高经三级	高工三级	部门经理	会计师一级	2.00
	工程师一级	部门经理	会计师二级	1.80
	工程师二级	部门经理	会计师三级	1.60
	工程师三级	主办	会计师四级	1.50
		办事员	会计师五级	1.40
		实习生		1.00

注：该公司总经理不在公司领取薪酬，而在公司总部领取。会计师级别由公司内部评定。

三、固定工资制

固定工资制的适用对象为车队驾驶员、总台接待员、打字员、保洁员和公司聘请的各类顾问等。固定工资制根据市场行情采用随行就市原则，每月按照核定的标准固定发放。

第二节　GDGS公司薪酬体系存在的问题

一、经营者年薪制的问题

GDGS公司实行的经营者年薪制试点具有一定的超前性，基本体现了经营者风险与收益并存的原则。其平均基础工资高于公司一般员工平均基础工资1倍以上，体现了经营者人力资本的应有价值。效益工资基本与企业的实际效益挂钩，体现贡献多收益多的原则。但是，经营者年薪制还存在以下一些不足之处。

1. 基础工资分类定级不合理，过于简单

一般来说，基础工资有两个功能：一是保障经营者的基本生活需要，二是肯定经营者的高级人力资本价值和实际劳动付出。所以，基础工资的分类定级仅考虑企业的规模与效益是不够的，也是不公平的。而且基础工资占工资总额的比例偏低，对于一个正在成长和经营投资回报率较低的传统行业的公司来说，是不容易吸引、留住和激励经营者的。

2. 考核指标的设置不够科学和合理

衡量一个企业的经营管理水平的指标除净资产增值率和资产负债率外，还应包括净资产收益率、资产良好率、销售增长率等重要指标。此外，对考核指标和相关概念及财务数据的计算依据等没有进行明确界定或界定模糊，在实际操作中容易产生纠纷。

3. 风险与收益不对称，激励与约束不统一

方案并未体现经营者的收益风险及其应有的约束。即便是企业产生亏损，经营者也无须承担任何责任。此外，方案还缺乏长期激励内容，容易导致经营者的短期行为，损害投资者的利益。

4. 方案构造和操作方式不够明晰

设置上缴国有资产经营收益奖励，实际上没有意义，因为上缴国有资产经营收益每年由董事会决定，经营者并没有任何分配收益的权力。现实中，许多经营者反映没有办法确切知道自己的收益是如何计算的。

5. 总体水平偏低

经营者的年薪水平参照企业所在地区国有资产管理局制定的年薪标准，明显低于市场水平，无法吸引、留住或激励经营者。

6. 没有规范经营者的职务消费

职务消费是指由于某种职务的特殊性质和工作需要，对担任该职务的人提供与职务对应的支出费用，主要包括用车费用（含车辆折旧、车辆管理费、燃油费、维修费和司机的工资福利等）、接待费用和出差费用等。在一些情况下，经营者可能将一些私人消费转化为职务消费。

二、结构工资制的问题

GDGS公司的结构工资在构成上基本合理。但所有员工不论岗位性质，其一半左右的薪酬与企业效益挂钩，显然是不科学和不合理的，也是不公平和不具有激励性的。

GDGS公司结构工资制中存在的主要问题有以下几点：

(1) 效益工资的分类设置不科学、不合理。

对经营者而言，要衡量其工作绩效，仅仅考核税后净利润是远远不够的，也是不合理、不公平的，更不具备任何激励作用，只能增加经营者的短期行为，并带来许多负面的影响。

对贸易部门而言，这种考核方式带有明显的"大锅饭"色彩，尽管其效益工资与实际创造的利润挂钩，但按照岗位级别，而不是个人创造的业绩进行分配，就谈不上公平性和激励性，产生的后果就是消极怠工和牢骚满腔，以及优秀业务人员的流失和平庸业务员的"沉淀"。

对职能管理部门而言，效益工资所占比例过高。集团总部职能管理部门的主要任务是对企业实施严格和科学的管理，相对于"一线"直接创造效益的员工，其承担的风险较小，工作量波动幅度有限。其工资应相对比较稳定，所以工资的浮动部分即效益工资（与公司效益挂钩部分）所占比例不应太高，应控制在20%左右，甚至可以不与企业效益挂钩。

(2) 未能反映学历优势。

造就一支高素质的队伍，是企业持续发展的重要保障。首先，应承认员工的学历价值。学历在一定程度上代表了个人的整体素质，反映其在未来工作中的潜在能力，也体现了人力资本的投资价值。其次，企业聘用较高学历的员工，相应地节省了企业对人力资本的前期投资和再投资，因而应以一定的货币形式将学历优势显性化。此外，适当的学历工资会激励员工不断学习和提高自身素质。

(3) 设置工龄工资不合理。

一般而言，设置工龄工资的目的在于肯定老员工对企业的贡献积累，鼓励员工长期为企业服务。但在市场经济条件下，肯定老员工对企业的贡献积累，一般通过福利方式进行。

(4) 效益工资挂钩的指标过于单一（只与集团的合并报表利润挂钩）。

容易产生波动，增加薪酬的风险和不确定性。

三、固定工资制的问题

GDGS公司的固定工资制存在明显缺点：一是总体薪酬水平明显高于市场平均水平，增加了企业的人力资本，违背了薪酬设计的成本最低化原则；二是岗位缺乏应有的级别差距，且划分不尽合理，技术岗位的工作绩效与其工作经验有密切关系，比如驾驶员，应以其驾驶水平和经验来确定薪酬水平，而不是根据服务对象来确定；三是缺乏应有的浮动工资，作为根据其工作绩效进行考核提供奖惩的经济手段，导致现实中对上述人员的管理处于被动地位。

第三节　GDGS公司薪酬体系再设计

对GDGS公司薪酬体系重新进行设计，绝不是简单的再设计，其不仅要解决GDGS公司目前在薪酬管理制度上面临的困境，而且要考虑在知识经济和经济全球化的时代，如何通过薪酬管理获得人才竞争优势，赢得参与全球市场竞争的优势。

GDGS公司重新设计后的薪酬体系主要构成以体现新的原则、新的思路、新的内容和新的操作方式的经营者年薪制和职能管理部门结构工资制及新设置的提成工资制为主。本研究根据GDGS公司对此次薪酬体系重新设计所提出的保证新的薪酬平均水平略高于市场平均水平的明确指导意见，对GDGS公司的各种薪酬形式进行再设计。

一、经营者年薪制再设计

经营者年薪制要解决的是负责整个企业管理的经营者的薪酬问题，衡量其工作绩效和贡献，显然与普通员工有明显的不同。所以，经营者年薪制的设计除应遵循上述薪酬设计的基本原则外，还应强调以下原则：

（1）风险与收益相称的原则。

一般来说，经营者承担的风险应与其获取的收益成正比。承担的经营风险越大，其可能取得的收益也应越高。

（2）激励与约束并举的原则。

目前，我国国有企业对经营者的薪酬制度，大多强调薪酬的激励性，但忽略了约束机制的建立与完善。事实上，仅有激励作用的薪酬机制是远远不够的，缺乏必要约束的经营者不可能每个人都具有高度的自觉性去约束自身的行为。所以，在设计经营者年薪制时，不仅要给经营者必要和应有的利润分配权，更应注重与激励对等的职位约束。

（3）长期与短期结合的原则。

以往的经营承包制，短期内企业的效益和经营者个人收入都明显提高，但往往都是粗放型或掠夺式的经营，很少考虑企业的可持续发展。所以，在设计经营者年薪制的构成时，要充分考虑薪酬的短期激励和长期激励功能。在设计企业绩效的考核指标时，要充分考虑企业的短期获利能力，更应注重企业的可持续发展能力，以有效遏制经营者的短期行为。

此外，GDGS公司适用年薪制的子公司仍是企业，因此，还必须遵守国家和地方政府对企业实行年薪制的各种政策规定。

1. 经营者年薪制再设计的准备工作

为了保证年薪制设计的质量，在重新设计GDGS公司的年薪制前，除了借鉴国内其他地区年薪制和GDGS公司试点年薪制的现实经验外，还详细查阅了政府关于实施年薪制的有关政策、文件和规定，以及各子公司的财务报表，并对子公司经营者就年薪制改革问题进行了专门调研，以获取第一手资料。

（1）严格按照《中华人民共和国公司法》的规定，重新选举了各子公司董事会和监事会成员，并对与《中华人民共和国公司法》相抵触的或不完善的公司章程和内部规章制度，进行了重新修订。

（2）全面检查和清理了各子公司的财务状况。

（3）按照公开、公平、公正的原则，重新选拔各子公司的经营者，并建立了较为完善和科学的经营者选拔机制。

（4）对于公司及其经营者进行广泛的调研、宣传和动员，同时听取和收集了他们的意见和建议。由于企业的千差万别，具体的数据可比性较差，所以具体的参考数据主要根据成都与攀枝花两地按递增的方式确定经营者的年薪总额。

2. 经营者年薪制再设计的基本思路和主要内容

（1）年薪总额的确定。

根据薪酬设计的基本原则，为了吸引、留住和激励优秀的经营者，GDGS公司在确定年薪总额时，充分考虑了人才竞争的全面化和多样化等多种因素，并考虑了GDGS公司目前所需要的经营者。

（2）年薪制结构及其比例的设计。

GDGS公司还很年轻，其子公司规模相对较小、效益较差，且获利能力较差。从吸引和稳定经营者的角度出发，在经营者年薪制结构的三个部分（即基本薪金、绩效薪金和任期分红）中，基本薪金占据了较大的比例，约占年薪总额的40%，其余各为30%。基本薪金和绩效薪金当年兑现，任期分红在经营者任期结束时，分三年兑现。另有职务消费货币化收入和职业福利保障暂不列入年薪总额。尽管实行期股和股票期权激励形式具有很多的优点，但 GDGS 公司是国有独资企业，也是当地重点企业，实行期股和股票期权方式的主观和客观条件均不具备。在对年薪制薪酬进行设计时，为了获得一手资料，共发放 400 张问卷，对该公司 392 名主任职务以上级别人员进行问卷调查，回收 325 张问卷，回收率为 82.91%，其中有效问卷 309 张，有效问卷回收率为 77.25%。从问卷统计中发现，主任职务以上级别人员认为薪金应根据年目标利润来提取，比例不等。GDGS 公司在调研的基础上做了如下设计：

① 基本年金。

根据 GDGS 公司各子公司不同的利润水平，基本薪金共分为十级，各企业董事会根据经营者所任职企业的目标利润作为主要依据，并适当参考经营者过去的经营业绩，所任职企业的行业特征、资产规模、盈利指标和综合管理水平等因素，评定具体的级别，经营者基本年薪每两年根据物价水平的变动与经济增长情况做适当调整，由市劳动部门提出调整方案，报市政府审批。经营者的基本年薪列入企业成本，由企业按月以现金形式支付。

相对而言，基本薪金的确定具有一定的主观性，但这正是 GDGS 公司调节不同经营者的薪酬水平所需要的。尽管利润最大化是企业经营的主要目标，也是 GDGS 公司评定子公司存在和发展的主要依据，但是从整个集团的发展战略考虑，有些子公司的成立并不是以营利为主要目的的。比如，GDGS 公司下属的物业管理公司和工程监理公司，其盈利能力都很差，但它们的存在是为了保证 GDGS 公司的房地产品牌经营的需要。

② 风险保证金制度。

经营者上任前，必须按规定强制缴纳就职风险保证金，缴纳标准为其年基本薪金的 1.5 倍，可以现金一次性缴纳，也可以足够的不动产进行抵押。以后根据其年基本薪金的变化进行调整。就职风险保证金设立专用账户保管，经营者任期结束时予以结算。

③ 绩效年薪。

经营者绩效年薪是按企业综合经济效益确定的经营者年度收入。绩效评价分值由市国资部门企业 GDGS 公司根据财政部企业绩效评价指标体系进行测算。经营者绩效年薪计算结果为负数时，视绩效年薪为 0。绩效年薪列入企业成本，企业一次性以现金形式提取。其中 60% 直接支付给经营者，40% 交资产经营公司保管，以风险抵押金的形式延期支付。

④ 奖励年薪。

经营者奖励年薪指产权单位对经营者完成经营目标的奖励。不同类型企业奖励年薪系数有区别，垄断性企业奖励年薪系数为0.8，竞争性企业奖励年薪系数为1，扭亏增盈企业奖励年薪系数为1.3，具体计算方法由GDGS公司根据不同行业的特点分别制定。GDGS公司发放给经营者的奖励年薪总额不得超过经营者基本年薪总额的1.5倍。经营者奖励年薪最高不得超过本人基本年薪的4倍。经营者奖励年薪计算结果为负数时，应相应扣减经营者任期内所提取的风险抵押金。

经营者的奖励年薪由GDGS公司从企业上缴利润中支付。其中60%以现金直接支付给经营者，40%由资产经营公司保管，以风险抵押金的方式延期支付。GDGS公司对具备条件的企业可采取股份的形式支付奖励年薪。

⑤财务监督和审计制度。

由集团公司统一派遣财务总监到各子公司，全面监督子公司的财务运作，重新选举的监事会充分发挥财务监督职能。在审计制度方面，建立国家审计、社会审计（会计师或审计师事务所）或公司内部审计（集团审计中心）三层严密的审计监控制度。其中主要依靠公司内部进行不定期和突击审计，做到防范和控制在先。

3. 经营者年薪制的操作规范

为了保证经营者年薪制的有效和顺利实施，GDGS公司规范了年薪的发放程序和操作流程，并在此基础上专门制定了《GDGS公司年薪制实施细则》，进一步规范经营者年薪制的操作程序，并对集团总部各管理部门在经营者年薪制执行过程中的职责进行了明确分工。

4. 经营者年薪制的作用

（1）经营者年薪制为经营者提供努力工作的物质利益。

经营者年薪制承认了经营者的人力资本价值，能有力地刺激经营者努力工作。首先，经营者的最低报酬是基本薪金（基薪），它比一般员工的高，其水平取决于企业家市场的供求。经营管理企业的才能是一种特殊能力，是高水平的人力资本，企业家是稀缺的人才，企业家市场上供不应求的状况决定了企业必须以很高的基薪才能聘请到企业家。经营水平越高的企业家，基薪水平也就越高。在经营效益好的条件下，经营者可以通过绩效年薪和股票认股权获得更多的收入，高水平的收入使经营者离开经营岗位要付出巨大的机会成本，经营者如果因经营不善而丢掉职位，其损失将是惨重的。这种强力的激励机制会形成经营者努力工作的强大动力。

(2) 经营者年薪制把经营者的利益与资本所有者的利益紧密联系。

首先，经营者的绩效年薪根据考核结果支付，与企业的经营效益紧密挂钩。经营效益主要体现在利润率和净资产增长率上。经营效益越差，绩效年薪就越少，甚至没有；经营效益越好，绩效年薪就越多。其次，经营者通过股票认股权获得的利益大小取决于企业的长期效益。股票认股权是指企业所有者给予经营者在约定的一个期限内（如几年）享有以某一预先确定的价格购买一定数量本企业股票的权利。经营者要想在股票认股权上获得利益，其前提条件是企业经营效益好，从而使企业股票升值。在物质利益的推动下，经营者在努力追求自身利益的同时，也增加了资本所有者的利益。

(3) 经营者年薪制有利于克服经营者的短期行为。

绩效年薪通常当期只支付一部分，其余部分留待将来视长期效益情况来兑现，有全部兑现、部分兑现和不兑现等做法。如果长期效益好，不仅绩效年薪可以兑现，而且运用股票认股权购买的本企业股票会升值，经营者就会获得更大的利益。这样，就会刺激经营者既要实现企业的短期效益，又要实现企业的长期效益。

实行经营者年薪制是国有企业经营者收入分配制度改革的方向，这是毋庸置疑的。但经营者年薪制要充分发挥作用，必须要有完善的现代企业制度和企业家市场。

二、结构工资制的设计思路

一般而言，职能管理部门的员工占企业总人数的比例相对较小，但他们对整个企业的发展却起着关键作用。由于对这些人的质量要求相对都比较高，因此薪酬也应较高。从客观上讲，作为并不直接创造经济效益的职能管理部门，与业务部门相比，其工作数量和质量都相对比较稳定，直接压力和风险也相对较小，且工作绩效无法进行准确的量化考核，所以其薪酬应相对稳定些。

针对 GDGS 公司原来结构工资制中存在的问题，新的薪酬方案将着重考虑以下几个问题。

(1) 参考市场工资水平，提高部门副经理以上员工的薪酬水平，并与一般员工的薪酬水平拉开差距，适当调低一般员工的薪酬水平。

(2) 降低部门副经理以上员工与企业效益挂钩的工资所占薪酬总额的比例。部门副经理以下员工的绩效工资不与企业效益挂钩，调整与企业效益挂钩的指标。

（3）根据职位资源和岗位特点，增设薪酬等级。各等级之间的差距随着职位的升高而增大。

（4）取消工龄工资，增设学历工资和外派财务总监补贴。

三、结构工资制的设计步骤

1. 工作分析

工作分析也称为职务分析，是对企业各个岗位的设置目的、工作关系、主要职责、工作内容、权限范围、工作环境及胜任该岗位所必须具备的知识、技能和经验等，通过文字进行明确说明的文件。它是人力资源开发与管理的核心环节，也是薪酬设计和管理的主要依据。

按照薪酬设计的基本程序，首先必须对GDGS公司集团总部职能管理部门岗位进行工作分析。为此，GDGS公司成立了工作分析协调小组，成员包括各部门经理和在公司实习的大学生。各管理部门重新修订了部门职责，并对各部门间交叉和遗漏部分进行审核和批准后再正式颁布。之后，按照工作分析的一般步骤和要求，完成了所有岗位的工作分析。

2. 薪酬等级的设计

根据企业现有职位的设置情况和战略发展需要，预先确定薪酬的薪酬等级，再根据职位资源的分布广度和稀缺程度，以及职位的复杂程度，将每个薪酬等级分为若干薪酬级别。同一职位薪酬等级设置不同的级别，主要基于以下的考虑：

（1）相同职位上的不同岗位，由于工作性质不同，其所需要的员工能力、承担的责任和贡献等是不同的，比如财务部经理和行政部经理。而且即便是相同的岗位，不同人员的素质和努力程度也是不同的，所以相同职位的薪酬水平应该有所差别。

（2）对于一般企业，职位的资源是有限的，特别是领导职位，并不是所有优秀的员工都可以获得晋升。所以，在优秀员工无法晋升时，能够获得同一职位的薪酬级别（即加薪），甚至获得更高等级的薪酬。

（3）同一职位具有更多的级别，能够让员工感到有更多的上升空间，有利于激励员工的工作积极性，充分发挥薪酬的激励功能。为此，根据公司现有的6个职位等级（职级），将薪酬分为6个薪酬等级，再将各薪酬等级分为3~5个级别。

3. 岗位评估

岗位评估是指根据付酬因素对每个岗位包含的内容进行相互比较和科学评估，得出每个岗位的相对价值。岗位评估的主要方法有序列法、分类法、评分法和因素比较法。大型企业最常用的是评分法，它从系统性和科学性的角度出发，以量化形式对岗位内容进行全面评估，具有较高的信度和效度。具体做法是将岗位的构成要素（付酬因素）进行分解，再以各个要素为依据，与特定的评价标准进行比较，得出各要素的分值，然后计算各个岗位的总分，即得到该岗位的相对价值。

在工作分析内容的基础上，对各岗位进行集中评估。评估小组包括集团总部职能管理部门经理和工会成员，评估小组成员组成可以弥补公司内部人员对岗位的认识偏差和评估经验的缺乏，以及人力资源咨询公司对GDGS公司具体岗位工作质量和数量了解不足的问题。

评估方法采用ORC职位分析评估系统法。该法是由ORC管理咨询公司的专家通过大量实践研究而开发的，包含比较全面地反映职位价值和付酬因素的9个评估因素，即知识技能、岗位复杂程度、岗位责任、人际关系、管理幅度、操作技能、精力集中程度、体力消耗和工作环境。分值分布最低分和最高分，分别为140分和1043分。各岗位评估结果（分值）首先对所有员工公布，对评估结果有异议的，进行重新评估。GDGS公司选取岗位的最后评估结果中，分值分布最低分和最高分分别为223和821分（为了便于比较，选取了部分具有可比性职位评估的平均分值，见表9.3）。最后经集团总裁办公会确认和批准后，将各岗位的评估分值与预先设定的薪酬等级一一对应。

表9.3 部分职位评估的平均分值

职位	副总裁、总监	经理	副经理	高级文员	一般文员
平均分值	821	653	521	344	223

4. 薪酬调查

薪酬调查分为市场调查和企业内部调查。

市场调查的主要目的在于了解市场薪酬水平，以保证薪酬设计的外部公平性和竞争性。但薪酬市场调查难度很大，因为薪酬是人才竞争最有力的工具之一，一般企业都不会轻易透露。所以市场薪酬水平一般是通过权威的薪酬调查公司获得，或从其他公共媒体及通过私人关系获得。

企业内部调查的主要目的在于了解员工对现有薪酬状况的满意程度，以保证薪酬设计的内部公平性，为此采用自由记名方式进行调查。分别针对不同职位发出问卷108份，其中A类对象（子公司经营者）27份（占25%），B类对象（副经理以上）20份（占18.52%），C类对象（助理、主办、办事员）61份（占56.48%）。由于宣传动员工作比较到位，共回收问卷84份（A类22份，占26.2%；B类18份，占21.4%；C类44份，占50.2%），总有效率为78%。其中各类对象所占比例基本符合调查问卷发放的比例，比较具有代表性。

根据调查结果分析，大部分员工（其中A、B、C类的比例分别为90.9%、94.9%、59.7%）对目前薪酬感到不满意，一是对薪酬总体水平不满意，二是对薪酬的分配不满意。调查的结果基本反映了公司在薪酬方面所存在的问题。

5. 薪酬水平设计

根据薪酬调查的结果，考虑薪酬设计的基本原则及薪酬的不同功能，结合预先设定的薪酬等级，以及公司提出的各职位的中级薪酬水平应略高于市场平均水平的指导意见，确定统一以高于市场5%的水平作为参考，并以此确定参考薪酬曲线。为此，首先确定6个薪酬等级的中级水平，再根据各个薪酬等级的薪酬级别，确定薪酬级别幅度（差距），薪酬级别越高，幅度越大。

有调查资料显示，当同一职位的薪酬水平高于市场平均薪酬水平的10%时，在同一个方便流动的地区，该薪酬水平就具有竞争力。尽管公司确定各职位的中级薪酬水平以高于市场5%的水平作为参考，但其各职位的中级以上薪酬水平是远高于市场10%的。所以，GDGS公司新的薪酬水平是具有竞争力的。

6. 薪酬结构及比例设计

在确定了各薪酬等级的相应水平后，就要根据结构工资制的基本要求，将薪酬总额分解成若干部分。为此，参照GDGS公司原有的薪酬结构，确定薪酬结构主要由基本工资、岗位工资和绩效工资组成（另有学历工资和外派财务总监补贴，但适用于特定的对象）。其中，基本工资+岗位工资与绩效工资的比例为8∶20，为了便于计算和操作，在薪酬总额的三个部分中，扣除基本工资后，将岗位工资和绩效工资的比例设为6∶4。这样，随着薪酬总额的增加，其绩效工资所占比例就越大，反映了职务越高（薪酬总额越高），承担的收益风险就越大。

7. 薪酬水平调整

理论上，按照上述步骤，薪酬设计就基本完成。但在现实中，考虑到薪酬计算和管理的简单化，一般需要对各薪酬等级和级别的数额进行整数调整。

四、结构工资制的主要内容

1. 基本工资

本着薪酬设计的合法性原则,基本工资参照政府规定的最低工资标准。

2. 岗位工资

按照预先设定的薪酬等级,GDGS公司职能管理部门共设有6个薪酬等级、24个薪酬级别,其中,四等以上每个薪酬级别之间的最低薪酬级别都与下一等级的最高薪酬级别重复,见表9.4。

表9.4 结构工资等级表

薪酬等级	职位	薪酬级别
一	副总裁、总监	1
		2
		3
二	部门经理	1
		2
		3
		4
		5
三	部门副经理	1
		2
		3
四	部门助理	1
		2
		3
五	主办	1
		2
		3
		4
		5
六	办事员	1
		2
		3
		4
		5

3. 绩效工资

绩效工资分为两类：部门副经理（含）以上的与集团相关经济效益指标挂钩，根据指标的实际完成情况按比例提取绩效工资总额，再根据不同等级系数进行分配；部门助理（含）以下的为固定值，与个人的工作绩效考核结果挂钩，年终若公司效益有明显提高或员工表现特别优秀，可适当发放一定数额的年终奖。

挂钩指标重新设定为三个：一是集团合并利润，权重30%。它是衡量整个集团经济效益的唯一指标。二是集团本部业务利润，权重40%。它是集团本部职能管理部门管理费用的主要来源。三是集团房地产回笼资金，权重30%。集团的大量资产沉淀在房地产上，盘活存量资产是公司重要而艰巨的任务。这些指标基本反映了公司的整体水平。

4. 学历工资

设置学历工资的目的在于鼓励高学历的员工。作为该公司总部的一般员工基本都要求本科以上学历，所以学历工资的适用对象为硕士及以上。

5. 外派财务总监补贴

根据所派遣企业的销售额、资产规模和财务人员数量等情况，将补贴分为四个级别。

另外，为了简化薪酬管理和方便考核，公司车队驾驶员、打字员和总台接待员等，不再实行固定工资制。他们的薪酬根据市场行情，在结构工资制的五等和六等间确定级别。

第十章　A公司薪酬体系设计实践

第一节　A公司基本情况

A公司从刚成立时的22个员工发展至今已有129人，其中管理岗位共11人，包括出资创办公司的股东及一些部门办事专员；操作岗位共90人，包括运输砂石泥土的汽车司机及挖掘机司机；专业技术岗位28人，主要是炮工。

一、A公司简介

A公司所属行业为批发业，经营范围包含建材批发、土砂石开采、黏土及其他土砂石开采、销售矿产品、矿山工程等。通过多年的努力，A公司拥有了良好的商业信誉及优质的客户群体，以省内市场为中心，逐步向外省延伸发展业务。

二、A公司员工薪酬概况

A公司成立之初，规模不大且员工数量不多，缺乏完整的企业架构。员工的工资是老板凭借主观感受分配的，并没有完善的薪酬体系解释工资构成和标准。

专业技术岗位员工和操作岗位员工都是从上到下分为高级、中级和助理三类，采用技能薪酬体系，包括固定薪酬和浮动薪酬。固定薪酬包括基本工资、学历职称津贴，浮动薪酬包括绩效工资、灰尘防护补贴、加班津贴、年终奖。

管理人员主要采用职位薪酬体系，包括固定薪酬和浮动薪酬。固定薪酬包括基本工资、工龄工资、灰尘防护补贴及保险，浮动薪酬包括加班津贴、绩效工资及年终奖等。

第二节　A公司薪酬体系调查与分析

本书采用问卷调查方式分析A公司薪酬体系存在的问题。

调查对象为A公司管理岗位、专业技术岗位及操作岗位的员工，旨在确保调查结果既具有广泛代表性，又能反映公司不同层级员工薪酬状况的真实性，以期在发现薪酬体系存在问题的基础上，提出相关改进意见。

调查问卷共设置31个问题，主要包括员工基本信息和薪酬体系公平性两大方面。首先，对基本信息进行统计，涉及被调查对象的性别、婚姻状况、年龄、工龄、学历、工资等，共设置问题11个。其次，对薪酬体系公平性进行统计，主要针对员工薪酬水平的满意度、与同行业员工薪酬比较、薪酬水平与自身技能的匹配度、不同岗位薪酬差距、绩效考核与薪酬的关联度、绩效考核的规范性、薪酬管理过程的科学性等问题进行提问，共设置问题20个。

此次发放调查问卷共129份，收回有效问卷120份，问卷回收率93%。不同职位调查问卷回收情况为：管理岗位应收11份，实收11份；专业技术岗位应收28份，实收26份；操作岗位应收90份，实收83份。

1. 信度分析

为了验证对A公司薪酬体系公平性方面调查结果的可靠性和代表性，确认被调查者是否认真答题，确保后续研究能够顺利进行，对该问卷调查中有关公平性的问题进行信度分析。

针对所设计的调查问卷进行可靠性分析时，通过运用SPSS网站对调查问卷中涉及公平性方面的问题进行信度量化分析，得出薪酬体系公平性整体的克隆巴赫系数α为0.939，表明调查问卷的一致性程度好，问卷信度高。四个维度的薪酬公平性α见表10.1，可见调查结果比较可靠。

表10.1　信度分析结果

维度	α	问题数目
薪酬公平性总量表	0.939	20
外部公平性	0.804	5
内部公平性	0.808	5

续表

维度	α	问题数目
个人公平性	0.775	5
管理过程公平性	0.792	5

2. 效度分析

本次问卷调查样本覆盖各层级职位约93%的员工，效度较好。使用因子分析法对调查结果进行效度分析。问卷需要通过KMO检验、Bartlett球形检验。结果见表10.2，结构效度较好。

表10.2 效度分析结果

取样足够度的KMO值		0.935
Bartlett球形检验	近似卡方值	1155.491
	P	0.000

3. 公平性分析

通过问卷调查了解员工对薪酬的满意度，以此衡量薪酬公平性。对于调查问卷的数据，使用均值和标准差来显示，具体见表10.3。

表10.3 公平性分析结果

项目	均值	标准差
薪酬公平性总量表	2.63	0.946
外部公平性	2.64	0.982
内部公平性	2.63	0.964
个人公平性	2.63	0.914
管理过程公平性	2.62	0.924

不管是薪酬公平性总量表还是其他四个维度，均值都差不多，但都低于3.00，总体呈中下水平，说明公司薪酬公平性不强。

若外部公平性均值较低，则表明该公司目前的薪酬水平不具备较高的竞争力，相较于所在地区同类型企业，对人才的吸引性不强，公司引进、留住和激励人才存在困难，薪酬体系有较大的改进空间。若内部公平性均值低，则会打击员工工作积极性与创造性，还会影响公司内部团结，降低公司凝聚力。若个人公平性和管理过程公平性均值低，说明公司薪酬体系还存在个人公平性欠缺、薪酬管理实施方式或管理机制欠妥、薪酬体系透明度低等问题。

第三节　A公司薪酬体系存在的问题

通过调查显示，A公司的员工对当前薪酬体系满意度偏低，从薪酬公平性维度来看，现有薪酬管理制度不太完善。A公司应注重人才的引进和管理，提高薪酬体系的公平性，完善薪酬制度，增强员工的积极性与创造性。

A公司将职位薪酬体系和技能薪酬体系综合使用。根据职能不同，将职位划分为管理、专业技术和操作三种类型，管理者采用职位薪酬体系，主要根据职位高低来确定；专业技术人员和操作人员采用技能薪酬体系，但在实际施行过程中，参照员工经验由管理者随意制定，这极大地削弱了专业技术人员进步的积极性。

1. 薪酬体系外部公平性有待提升

市场薪酬调查有欠缺。通过对A公司管理者和薪酬管理专员的访谈了解到，公司在确定市场薪酬水平时没有借助专业的第三方机构。A公司当前实行的职位薪酬体系和技能薪酬体系，都是公司在创立初期由管理者自己制定的，但随着公司的发展，现行薪酬体系与企业发展进度不匹配，不能发挥薪资的激励作用。

薪酬的外部竞争性有待提高。土砂石开采属于劳动密集型行业，员工是企业生产发展的关键，对企业来说至关重要。但是问卷调查和访谈结果显示，受访者普遍认为公司目前的薪酬水平不具备较强的外部竞争性。

2. 薪酬体系内部一致性不足

学历、职称价值体现较少。公司虽然设有学历职称津贴，但在公司发展扩大的过程中缺乏动态调整，早已不能适应企业当前的发展阶段，无法满足企业转型升级的发展需求。

缺乏客观科学的技能等级评价。A公司目前没有一套系统全面的技能评价体系，也没有编制规范具体的技能等级说明书，由于工作缺乏系统指导，员工对自己所在技能等级应有的职责、权力、任职资格等了解不清。

3. 薪酬体系个人公平性不理想

浮动薪酬激励效果不明显。据访谈了解，操作岗位员工的薪酬结构中绩效工资为一组员工共同的绩效工资，由于每组员工每月的工作量基本不会有太大变动，因此，同一技能等级员工的薪酬只能靠学历职称津贴等拉开微小差距，体现不出工作的熟练程度和技能、能力等因素的影响，这可能造成一些优秀人才因待遇不公平而离职。

针对专业技术人员的工作考核不具体。目前专业技术人员的薪酬构成中，绩效薪酬约占薪酬总额的1/4，所占比例过低，公司目前缺乏对这部分员工工作结果、工作质量的考核，员工只要完成日常工作就可以拿到全额薪酬，绩效薪酬对员工的激励作用难以保证。

4. 薪酬体系管理过程公平性失衡

薪酬管理制度建设落后。通过对10位员工的访谈可知，有7名受访者认为公司在评定技能等级时存在能力与等级不符的问题。一方面，公司人才的选拔任用机制不够完善，企业内因人设岗、因人设薪的现象普遍。另一方面，企业晋升渠道狭窄，管理层职位紧俏，公司在进行管理人员选拔时存在按资排辈的现象，导致员工竞争激烈，晋升困难。

制定薪酬方案时，公司未与员工进行有效沟通。调查问卷结果显示，在制定、执行或变更薪酬方案时，公司缺少与员工的有效沟通。

薪酬体系不够公开透明。公司在进行薪酬分配时，采取的是保密模式。公司内只有少数管理者能够掌握薪酬的全貌，剥夺了员工对薪酬体系的知情权，员工不清楚薪酬水平与个人工作绩效之间的关系，这会削弱薪酬对员工的激励作用。

A公司薪酬体系出现以上问题的原因主要有以下两点：

（1）未及时调整公司薪酬制度。

A公司自成立以来，管理者依靠自己的主观判断和以往经验来给员工定薪资，导致公司员工中存在平均主义和论资排辈的现象。同时，公司将主要资源向业务拓展方面倾斜，对薪酬水平调整关注度不高，未能根据市场薪酬水平变化及时调整薪酬标准。

（2）公司忽视非经济性薪酬。

A公司现有非经济性薪酬部分主要包括工龄工资、灰尘防护补贴、加班津贴、年终奖金。虽然福利项目较为丰富，但能够获得福利的员工较少，且金额较低。公司无法在经济报酬和非经济报酬之间找到平衡，造成薪酬管理中的激励作用无法正常发挥。

第四节　A公司薪酬体系再设计

一、A公司薪酬体系再设计的原则

1. 公平性原则

A公司在薪酬体系再设计中要保持公平性原则，要充分考量A公司员工对于原有以职位为核心的薪酬体系的不满、对原岗位评价的不认同，以及对内部公平的追求，对薪酬等级进行重新划分和调整。

2. 战略性原则

A公司在薪酬体系再设计时要满足公司积极适应新形势下市场竞争环境的发展目标和战略规划，使再设计后的薪酬水平能够具有市场竞争力，能够吸引优秀人才，并让他们留下来。要将资金向公司关键性人才倾斜，通过公平合理的评价标准，给予重点发展对象更多的薪资权重，充分体现员工自身的价值。

3. 激励性原则

A公司在薪酬体系再设计中要重新设计员工层级区分的原理，充分发挥技能薪酬体系的优越性，将每位员工的薪酬水平与其工作能力相匹配，激励员工主动提升职业技能和工作效率，提高公司整体效能。

4. 经济性原则

A公司在薪酬体系再设计过程中，将整体人工成本增幅严格控制在20%以内，通过调整技能等级评价及内部分配方式，让每位员工个体资历、技能的差异均在薪酬水平上有所体现，以小幅增加人工成本为代价，积极营造劳有所得、学有所得的企业文化氛围，促进A公司专业化人才梯队建设，增强技术核心竞争力。

5. 可操作性原则

A公司在薪酬体系再设计过程中，要充分平衡公司整体利益与员工个人利益，结合公司实际和经济现状，抽调骨干力量，保障充足资金，广泛听取意见，平稳推动薪酬体系的优化工作。

二、A公司技能薪酬体系再设计的步骤

1. 完善薪酬调查

前期进行的问卷调查结果显示，有45.8%的员工认为公司在本地区人才市场上的竞争力比较低，有20.8%的员工甚至认为薪酬水平在本地区非常低，这说明A公司给员工的薪酬在本地区可能不占优势。

因此，A公司可以向所在地区类似公司类似岗位的员工发放调查问卷，进行全面的薪酬调查，主要了解本行业、与本公司规模类似公司、同一地区相同岗位或相似岗位的薪酬水平。最后，根据调查结果适当提高薪酬水平，从而增强企业的竞争力和对专业人才的吸引力，达到增强企业外部公平性的目的。

2. 确定合理的技能等级

通过设置合理的技能等级，再设计技能薪酬体系，真正体现公司对知识、技能型人才的尊重，实现薪酬待遇"按技分配"，提高高技能人才的工作积极性，鼓励员工通过不断学习，提升知识储备、技能水平，从而适应工作丰富化和扩大化的要求，实现薪酬水平的提升。

（1）组建技能薪酬体系设计小组。

专业技术岗位人员通过技能薪酬体系的激励，可使工作表现得到有效提升。成立技能薪酬体系设计小组，成员为公司7名股东；组建技能薪酬体系设计小组，成员为厂长、副厂长、公司人事、各个技能层级的员工代表等9人。

成立技能薪酬体系设计小组的主要目的是确保技能薪酬体系的再设计与公司薪酬战略一致，制定相关规章制度，并提交指导委员会批准。指导委员会对技能薪酬体系设计小组的工作进行监督和协调，以进一步完善相关设计；对已确定的技能薪酬方案进行详细审核和评估，确保其合理性与可行性；对最终的技能薪酬体系设计方案进行审查批准。

（2）进行工作任务分析。

技能薪酬体系要求员工掌握多种技能，一名员工可对应多种技能模块，经过对工作任务的重新分析，确保技能薪酬体系能够满足专业技术岗人员的需求。对于A公司炮工，可以采用深度技能薪酬体系，通过鼓励员工不断提升知识和技能，使其精通相关技术，从而实现岗位晋升。在这一薪酬体系下，员

工的职业发展是沿着专业化的路径不断上行的。随着员工在某一方面知识、技能的积累和深入，员工的薪酬水平也在提高，从而激励员工更加努力地学习，在自己精通的领域精益求精。

A公司炮工技能等级结构如图10.1所示。

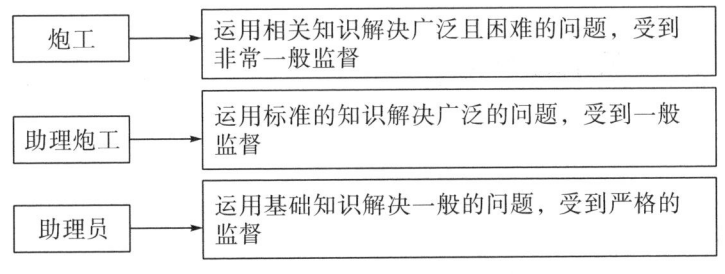

图 10.1　炮工技能等级结构图

以公司炮工的技能薪酬体系为例，炮工随着技能水平由初级到高级的提高，薪酬水平也不断提高。炮工深度技能薪酬体系设计等级结构见表10.4。

表 10.4　炮工深度技能薪酬体系设计等级结构

技能水平	技能种类			
	设备管理	检修管理	工程设计	成果检查
高级	A3	B3	C3	D3
中级	A2	B2	C2	D2
低级	A1	B1	C1	D1

（3）确定技能等级。

A公司最初给员工支付薪酬依据管理者的主观认知，并没有科学性。A公司应该制作一份技能说明书，让员工清楚地了解自己所属技能等级以及薪酬标准，逐渐提高员工的薪酬满意度。

根据工作任务分析对各个技能进行等级评定。以A公司炮工为例，其工作任务分为三个技能等级：一级技能要求员工具备最基础的专业知识，能够完成上级安排的一系列日常工作。二级技能，要求员工具备中等水平的专业知识、判断能力和应变能力，需要按照既定的标准和规范来完成工作任务。三级技能，要求员工必须具备高水平的专业知识、判断能力和应变能力，能够根据公司宏观战略来决定如何开展爆破计划，除此以外，还要为自己做出的决定和下达的命令负责，在评价这一技能等级的员工时，最后的工作质量是主要标准。

(4) 技能等级定位。

A公司各技能等级定位见表10.5。

表10.5 技能等级定位

技能等级	岗位
三级技能	炮工
二级技能	助理炮工
一级技能	助理员

在进行技能薪酬体系再设计时，需要确保不同技能等级的薪酬差距适中，差距过大，会引起工资较低员工的不满，差距过小，则不能达到利用薪酬对员工进行激励的目的。公司可以根据员工的具体工作环境、工作困难程度给予适当补贴，使薪酬水平保持合理差异。比如，由于炮工的工作环境不太好，且具有危险性，因此，可以对出现场的炮工给予适当的薪酬倾斜，以保证员工的工作积极性。

(5) 技能分析、培训与认证。

为了激励员工不断提升个人技能，掌握更精进的专业技术，以提升公司的市场竞争力和适应外部环境灵活性为目标，公司必须制定完善的培训与开发体系，明确员工各技能等级应掌握的能力，积极开展相关培训。公司应该以科学客观的技能评价为基础，激励员工开展学习，比如进行在职学历技能提升、定期参加内部技能培训、完成阶段性的培训考核，从而确保培训的质量和效果。此外，公司还可开展"老人带新人"结对活动。

实施技能薪酬体系后，对员工技能水平的认证也同样重要。公司可以成立由上级、同事、技能专家等成员组成的技能认证小组，通过观察、记录员工在工作时的实际表现情况，对员工进行技能等级评定。如果员工原本只是一名助理员，但通过各方面的学习，已具备一名助理炮工所必需的技能，那么可在特定时间给该助理员升级。在完成对员工的技能认证后，每隔一段时间还要对员工的技能水平进行再认证，保证员工能够保持原有的技能水平不下滑。同时，通过再认证，确保员工能够将更高水平的工作技能持续运用于工作中。另外，对技能等级上升的员工要及时给予相应的薪酬待遇，肯定员工的进步。

相比于职位薪酬体系，技能薪酬体系能够帮助企业吸引到更多优秀的人才，更适合像A公司这样的处于高速发展阶段的企业，但是技能薪酬体系的实施有可能会在短期内增加企业的薪酬成本，对技能薪酬体系的实施，需要管理者给予足够的支持,并在力所能及的范围内提供足够的资金保障。

3. 加强与员工的沟通

(1) 建立通畅的交流平台,使信息的反馈更加有效。

A公司技能薪酬体系的成功实施与推广,需要企业员工的广泛参与和支持。在重新设计和实施薪酬体系时,要充分考虑员工的意见,这样才能让新的薪酬体系发挥作用。在开展薪酬体系再设计之前,管理者深入广泛地征求各阶层员工的意见,对员工反馈的问题予以重视,并以此为依据,对薪酬体系进行调整和完善,保证在实施过程中,薪酬体系可以被大多数员工接受。

在薪酬体系推行之后,不可避免地会产生各种各样的问题,如果没有一个有效的员工信息反馈平台,则无法及时地对其进行处理,那么问题就会越积越多,最终对薪酬体系的实施产生不利影响。为了避免这些问题,可以向员工开放薪酬沟通渠道,采用设立意见箱、召开员工代表会议等方式,对薪酬体系满意度进行调查,同时欢迎员工对薪酬体系提出意见和建议。通过持续不断地收集和整理各个阶层员工对薪酬体系的看法。定期制作报告,以动态的方式监督公司当前实施的薪酬体系是否具有合理性和可行性,从而达到有效分配薪酬的目的。

(2) 实行薪酬透明制度。

此制度针对实行技能薪酬体系、有明确技能薪酬等级评价的员工。在指定薪酬制度的过程中出台文件,公开薪酬体系的制定过程、技能等级的评定和认证方法、薪酬制度等有关内容,并对薪酬相关问题做出详尽说明,健全薪酬透明制度,让员工可以积极参与,并进行监督。A公司在支付薪酬时,采取了一种保密方式,不让员工在公司里讨论薪酬,这不仅不能体现薪酬体系的激励作用,也会影响员工之间的信任关系。

第五节　A公司薪酬体系保障措施

1. 确定技能薪酬体系再设计保障小组成员及分工

成立由A公司董事长及公司的其他5位股东组成的保障小组,由厂长、副厂长、公司人事、各个技能层级的员工代表等9人组成的技能薪酬体系设计小组,充分整合A公司各层面的力量。为确保工作顺利进行,明确落实分工。

2. 做好资金保障

技能薪酬体系再设计工作在一定程度上会增加A公司的人力成本,且因为需要动态记录员工的反应，需要 1~2 年的时间才能完成此项工作。为了更好地推进 A 公司技能薪酬体系的实施，要及时做好薪酬体系再设计的资金保障。但是，在此过程中也要注意控制成本，避免出现铺张浪费的情况。

3. 做好与员工的沟通交流

为保证技能薪酬体系再设计工作顺利开展，获得全体员工的支持，可采取员工座谈会、重点政策宣讲、线上与线下答疑的方式，确保每一名员工了解再设计的意义和优势，打消个别员工的顾虑。同时，结合薪酬体系再设计过程中所遇到的实际问题，定期开展培训工作会，向员工明确以学历、专业技术职称、综合能力为基础的薪酬体系转换的计算方法，保障薪酬体系优化工作的有序推进。

第十一章　KH 高级技工学校薪酬体系实践

第一节　KH 高级技工学校基本情况

一、KH 高级技工学校简介

KH 高级技工学校是省级重点技工学校、省级高技能人才培训基地。学校总占地 100 余亩,学生 2500 余人。学校教师共 140 余人,其中"双师型"教师 37 人,中级职称教师 40 人,高级职称教师 20 人,省级技能标兵 1 人。

二、KH 高级技工学校结构

KH 高级技工学校为民办学校,企业结构设立健全。具体情况如图 11.1 所示。

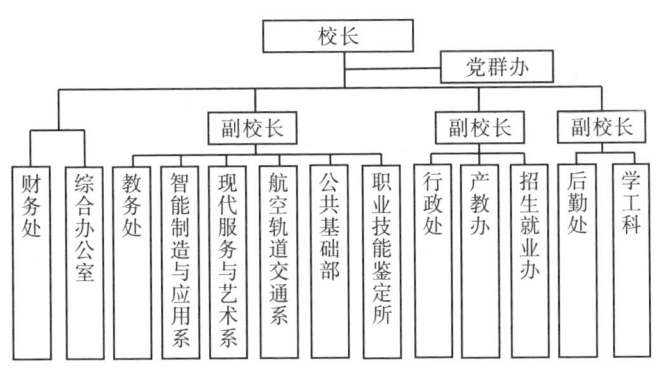

图 11.1　KH 高级技工学校结构

第二节　KH 高级技工学校薪酬体系调查与分析

KH 高级技工学校的教师工资体系主要是以技术为基础的薪酬体系，即技能薪酬体系。KH 高级技工学校教师薪资结构由基本工资、绩效工资、津贴和奖金等构成，见表 11.1。

表 11.1　KH 高级技工学校教师薪资构成表

级别		基本工资（元）	课时工资（元）	全勤（元）	超课时（元）	校龄工资	津贴	奖金
高级	1	4300	2000	200	550	在校工作起算 50 元/月，逐年递增 50 元/年，600 元封顶	"双师型" 200 元/月 双学位 250 元/月 研究生 300 元/月 博士生 400 元/月 班主任 200 元/月	区市级 2000 元 省级 5000 元 国家级及以上 10000 元
高级	2	4100	2000	200	550			
高级	3	3900	2000	200				
副高	1	3600	1800	200	400			
副高	2	3400	1800	200	400			
副高	3	3200	1800	200				
中级	1	2900	1400	200	300			
中级	2	2700	1400	200	300			
中级	3	2500	1400	200				
初级	1	2200	1200	200	240			
初级	2	2000	1200	200				
员级	3	1800	1200	200	无			

本次调查问卷分为教师基本信息与正式问题调查两部分。问卷调查采用网络问卷，以匿名方式进行。此次调查共收回问卷 130 份，其中有效问卷 125 分，有效回收率为 96.15％，具体问卷见附录 4。

1. 信度分析

量表是否稳定可靠，以克隆巴赫系数 α 衡量。本问卷设计良好，见表 11.2。

表 11.2 信度分析结果

维度	校正项总计相关性	校正项已删除的 α	α
内部公平性	0.941	0.955	0.970
外部竞争性	0.926	0.959	
激励制度	0.939	0.955	
薪酬构成	0.888	0.970	

2. 效度分析

问卷效度取决于 KMO 值。本问卷 KMO 值为 0.935，说明效度较高，具体见表 11.3。

表 11.3 效度分析结果

KMO 值		0.935
Bartlett 球形检验	近似卡方值	1813.634
	P	0.000

3. 基本信息情况分析

如图 11.2 所示，KH 高级技工学校教师中，男性 53 人，占比 42.4%；女性 72 人，占比 57.6%。这表明 KH 高级技工学校教师比例较为均衡。

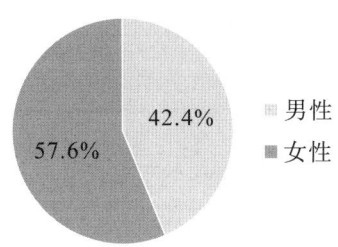

图 11.2 KH 高级技工学校教师性别比例

如图 11.3 所示，KH 高级技工学校教师中，30 岁以下 73 人，占比 58.4%；30~40 岁共 38 人，占比 30.4%；40~50 岁共 12 人，占比 9.6%；50 岁以上共 2 人，占比 1.6%。这表明学校教师偏年轻化。

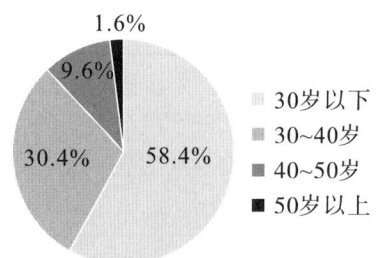

图 11.3　KH 高级技工学校教师年龄比例

如图 11.4 所示，KH 高级技工学校教师中，研究生及以上学历 17 人，占比 13.6%；本科学历 96 人，占比 76.8%；专科学历 12 人，占比 9.6%。这表明 KH 高级技工学校教师学历大多为本科，缺乏高学历人才。

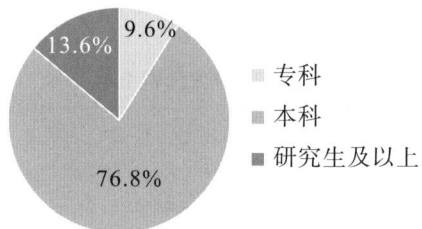

图 11.4　KH 高级技工学校教师学历比例

如图 11.5 所示，KH 高级技工学校教师中，高级讲师 15 人，占比 12%；讲师 37 人，占比 29.6%；助理讲师及以下 73 人，占比 58.4%。这表明 KH 高级技工学校高级教师较少，更多是年轻一代教师。

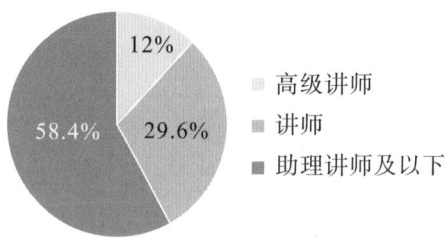

图 11.5　KH 高级技工学校教师职称比例

如图 11.6 所示，KH 高级技工学校教师中，教龄 5 年以下 79 人，占比 63.2%；5~10 年 33 人，占比 26.4%；10 年以上 13 人，占比 10.4%。这表现出与职称结构存在同样问题，难以留住教师人才。

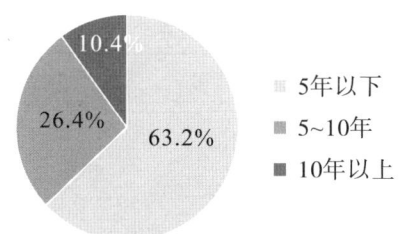

图 11.6　KH 高级技工学校教师在校教龄比例

4. 各维度描述性分析

由表 11.4 可知，KH 高级技工学校教师对目前实施的技能薪酬体系认同度均达不到 3，且外部竞争性这一方面分值最低，仅有 2.685。这说明 KH 高级技工学校实施的技能薪酬体系不具备强外部竞争性。

表 11.4　各维度描述性统计分析

项目	样本量	最小值	最大值	平均值	标准差
激励制度	125	1.000	5.000	2.808	0.934
薪酬构成	125	1.000	5.000	2.824	0.879
内部公平性	125	1.000	5.000	2.808	0.903
外部竞争性	125	1.200	5.000	2.685	0.869

5. 人口变量方差分析

本书对性别和薪酬构成、激励制度、内部公平性、外部竞争性进行差异分析，结果见表 11.5，均呈现显著性（$P<0.05$）。为确定差距是否为显著水平，进行事后多重比较，见表 11.6。

表 11.5　性别和薪酬构成、激励制度、内部公平性、外部竞争性差异分析结果

项目	男（$n=53$）	女（$n=72$）	F	P
薪酬构成	2.58±0.82	3.00±0.88	7.541	0.007
激励制度	2.57±0.93	2.98±0.90	6.106	0.015
内部公平性	2.52±0.85	3.02±0.89	10.361	0.002
外部竞争性	2.44±0.81	2.87±0.87	7.843	0.006

表11.6 性别和薪酬构成、激励制度、内部公平性、外部竞争性事后多重比较结果

项目	（I）名称	（J）名称	（I）平均值	（J）平均值	差值（I-J）	P
薪酬构成	男	女	2.579	3.005	-0.426	0.007
激励制度	男	女	2.572	2.981	-0.409	0.015
内部公平性	男	女	2.516	3.023	-0.507	0.002
外部竞争性	男	女	2.438	2.867	-0.429	0.006

通过事后多重比较发现，在薪酬构成、激励制度、内部公平性、外部竞争性几个维度中，女性的均值明显高于男性。

对年龄和薪酬构成、激励制度、内部公平性、外部竞争性进行差异分析，结果见表11.7，显示年龄对于激励制度、内部公平性呈现显著性（$P<0.05$）。为确定差距是否达到显著水平，进行事后多重比较，见表11.8。

表11.7 年龄和薪酬构成、激励制度、内部公平性、外部竞争性差异分析结果

项目	30岁以下（$n=73$）	30～40岁（$n=38$）	40～50岁（$n=12$）	50岁以上（$n=2$）	F	P
薪酬构成	2.95±0.82	2.71±0.96	2.50±0.97	2.33±0.47	1.476	0.225
激励制度	3.00±0.96	2.59±0.76	2.42±1.05	2.17±0.71	2.933	0.036
内部公平性	3.01±0.85	2.59±0.92	2.39±0.94	2.17±0.24	3.336	0.022
外部竞争性	2.85±0.83	2.50±0.85	2.35±1.03	2.00±0.28	2.608	0.055

表11.8 年龄和激励制度、内部公平性事后多重比较结果

项目	（I）名称	（J）名称	（I）平均值	（J）平均值	差值（I-J）	P
激励制度	30岁以下	30～40岁	3.005	2.588	0.417	0.024
	30岁以下	40～50岁	3.005	2.417	0.588	0.041
	30岁以下	50岁以上	3.005	2.167	0.838	0.203
	30～40岁	40～50岁	2.588	2.417	0.171	0.572
	30～40岁	50岁以上	2.588	2.167	0.421	0.526
	40～50岁	50岁以上	2.417	2.167	0.250	0.720

续表

项目	(I) 名称	(J) 名称	(I) 平均值	(J) 平均值	差值 (I−J)	P
内部公平性	30岁以下	30~40岁	3.009	2.588	0.421	0.018
	30岁以下	40~50岁	3.009	2.389	0.620	0.025
	30岁以下	50岁以上	3.009	2.167	0.842	0.184
	30~40岁	40~50岁	2.588	2.389	0.199	0.496
	30~40岁	50岁以上	2.588	2.167	0.421	0.510
	40~50岁	50岁以上	2.389	2.167	0.222	0.741

通过事后多重比较发现，对于激励制度有着较为明显差异的组别平均值得分对比结果为：30岁以下＞30~40岁；30岁以下＞40~50岁。对于内部公平性有着较为明显差异的组别平均值得分对比结果为：30岁以下＞30~40岁；30岁以下＞40~50岁。

对学历和薪酬构成、激励制度、内部公平性、外部竞争性进行差异分析，结果见表11.9，显示均不呈现显著性（$P>0.05$），这说明学历对四个维度均表现出一致性，无差异性。

表11.9 学历和薪酬构成、激励制度、内部公平性、外部竞争性差异分析结果

项目	专科（$n=12$）	本科（$n=96$）	研究生及以上（$n=17$）	F	P
薪酬构成	2.97±1.28	2.79±0.81	2.90±0.96	0.299	0.742
激励制度	3.19±1.34	2.77±0.86	2.76±1.01	1.140	0.323
内部公平性	3.28±1.30	2.74±0.81	2.86±1.02	1.959	0.145
外部竞争性	3.18±1.18	2.61±0.80	2.74±0.95	2.394	0.096

对教龄和薪酬构成、激励制度、外部竞争性、内部公平性进行差异分析，结果见表11.10，显示均呈现显著性（$P<0.05$）。为确定差距是否达到显著水平，进行事后多重比较，见表11.11。

表11.10 教龄和薪酬构成、激励制度、内部公平性、外部竞争性差异分析结果

项目	5年以下（$n=79$）	5~10年（$n=33$）	10年以上（$n=13$）	F	P
薪酬构成	3.02±0.86	2.39±0.80	2.72±0.86	6.565	0.002
激励制度	3.00±0.97	2.42±0.67	2.64±1.02	4.882	0.009

续表

项目	5年以下 ($n=79$)	5~10年 ($n=33$)	10年以上 ($n=13$)	F	P
内部公平性	3.00±0.89	2.40±0.84	2.69±0.82	5.484	0.005
外部竞争性	2.85±0.85	2.32±0.76	2.60±0.98	4.805	0.010

表11.11 教龄和薪酬构成、激励制度、内部公平性、外部竞争性事后多重比较结果

项目	（I）名称	（J）名称	（I）平均值	（J）平均值	差值（I-J）	P
薪酬构成	5年以下	5~10年	3.021	2.394	0.627	0.000
	5年以下	10年以上	3.021	2.718	0.303	0.232
	5~10年	10年以上	2.394	2.718	-0.324	0.242
激励制度	5年以下	5~10年	2.996	2.424	0.572	0.003
	5年以下	10年以上	2.996	2.641	0.355	0.193
	5~10年	10年以上	2.424	2.641	-0.217	0.466
内部公平性	5年以下	5~10年	2.996	2.404	0.592	0.001
	5年以下	10年以上	2.996	2.692	0.303	0.247
	5~10年	10年以上	2.404	2.692	-0.288	0.315
外部竞争性	5年以下	5~10年	2.853	2.315	0.538	0.003
	5年以下	10年以上	2.853	2.600	0.253	0.318
	5~10年	10年以上	2.315	2.600	-0.285	0.305

通过事后多重比较发现，教龄对于薪酬构成、激励制度、外部竞争性、内部公平性有着较为明显差异的组别对比结果均为：5年以下＞5~10年。

对职称和薪酬构成、薪酬制度、内部公平性、外部竞争性进行差异分析，结果见表11.12，显示均不呈现显著性（$P>0.05$）。这意味着职称对四个维度均表现出一致性，并没有差异性。

表11.12 职称和薪酬构成、激励制度、内部公平性、外部竞争性差异分析结果

项目	助理讲师 及以下（$n=73$）	讲师（$n=37$）	高级讲师（$n=15$）	F	P
薪酬构成	2.90±0.87	2.77±0.93	2.56±0.77	1.061	0.349
激励制度	2.93±0.92	2.73±0.92	2.40±0.94	2.246	0.110
内部公平性	2.88±0.87	2.84±0.98	2.38±0.81	1.993	0.141

续表

项目	助理讲师及以下（$n=73$）	讲师（$n=37$）	高级讲师（$n=15$）	F	P
外部竞争性	2.74±0.82	2.71±0.93	2.33±0.91	1.416	0.247

第三节　KH高级技工学校薪酬体系存在的问题

1. 薪酬体系中薪酬构成不合理

通过描述性分析及方差分析可以看出，KH高级技工学校技能薪酬体系中的薪酬构成存在不合理。其均值为2.808，表明目前学校实行的技能薪酬结构可能不适合学校长期发展，尤其在校工作年限较长的教师，5~10年的教师的均值仅为2.394，10年以上的教师的均值为2.718，均低于在校工作年限在5年以下的教师。这也说明该校技能薪酬体系结构不合理会影响教师的工作积极性和工作态度，导致教师离职率升高。

2. 薪酬体系激励效果不凸显

根据数据分析显示，教师认同度分值均低于3，认为KH高级技工学校技能薪酬体系不能有效激励教师，方差分析中显示，随年龄增长，教师认同度越低。30~40岁教师的均值为2.588，40~50岁教师的均值为2.417，50岁以上教师的均值为2.167，越年长，差异越大。这表明KH高级技工学校现行技能薪酬体系不利于教师发展。也反映出学校技能薪酬体系对技能型教师的激励效果不凸显，有待提高。

3. 薪酬体系中内部公平性较低

根据数据分析显示，内部公平性在教师中呈现出年龄差异化，越年长的教师对技能薪酬体系的认同度越低，30~40岁教师的均值为2.588，40~50岁教师的均值为2.389，50岁以上教师的均值则只有2.167。除此之外，30岁以下与30~50岁的教师呈现出差异化，而教师工作年限大多为5~10年。这表明KH高级技工学校的教师不认同目前所实施的技能薪酬体系的内部公平性，可能是这类教师的薪酬与所付出的劳动不匹配，使教师工作心态产生变化，长此以往，会影响教师工作的积极性与效率。

4. 薪酬体系外部竞争性弱，难以吸引优秀人才

根据数据分析显示，KH高级技术工学校技能薪酬体系外部竞争性弱，教

师对学校技能薪酬体系的认同度不高。另外，在性别、教龄中存在差异化，尤其体现在教龄上，可能是因为这类教师大多为中年教师，经济压力大于年轻教师。而学校薪酬体系并不能满足这类教师，自然这样的薪酬体系也难以吸引外部同类教师人才。

第四节　KH高级技工学校薪酬体系再设计

一、KH高级技工学校技能薪酬体系再设计原则

1. 公平与竞争原则

技能薪酬体系再设计，要考虑公平性与竞争性。在学校内部，要考虑员工获得报酬与所付出努力是否成正比。在外部，与同类岗位相比，要考虑学校的技能薪酬体系是否具备竞争优势，若没有，则会导致学校吸引人才困难、师资外流等情况发生。

2. 激励原则

在众多的激励手段中，薪酬是最高效、快捷的一种。要想实现对教师的激励，就必须采用富有吸引力、行之有效的方法，以教师个人能力和对学校做出的贡献为依据，使教师工资由个人能力和绩效来确定，这样才能最大限度地激发教师的工作热情。

3. 经济原则

KH高级技工学校的资金来源有限，不盲目给予教师过高的薪酬回报，合理的控制成本才有利于学校的长期发展。

二、KH高级技工学校技能薪酬体系再设计步骤

1. 成立工作小组

KH高级技工学校技能薪酬计划工作小组分为指导委员会与设计小组。指导委员会由学校校长、人事领导、财务领导等7人构成。设计小组则包括人事部、财务部及各系老师等7人。

2. 工作任务分析与评价

（1）工作任务分析。

教师的专业技术岗位，通过参考国家相关标准进行分析，主要从教师的教学任务、科研任务及社会任务三个方面进行分析，具体情况见表11.13。

表 11.13　KH 高级技工学校工作任务分析

序号	一级指标	二级指标
1	教学任务	专业课程讲授
		教学竞赛
		听课、评课
		教学设计、教学情况
		学生技能竞赛指导
		专业公开、示范课
		学生教学检测考试
2	科研任务	学术论文、期刊发表
		专利发明情况
		教学改革、专业建设实践
		教学教材编著
		教研活动
3	社会任务	对外学术交流活动
		市场调研、考察
		社会专业技能竞赛
		青年教师指导

（2）工作任务评价。

在 KH 高级技工学校成立工作评价小组，小组成员包括 1 名校长、2 名人事处领导、4 名教师代表。按照教师的工作任务完成的困难程度进行排序，见表 11.14。

表 11.14　KH 高级技工学校工作任务评价

序号	一级指标	二级指标	排序
1	教学任务	专业课程讲授	1
		教学竞赛	4
		听课、评课	2
		教学设计、教学情况	3
		学生技能竞赛指导	6
		专业公开、示范课	5
		学生教学检测考试	0
2	科研任务	学术论文、期刊发表	2
		专利发明情况	6
		教学改革、专业建设实践	5
		教学教材编著	4
		教研活动	3
3	社会任务	对外学术交流活动	2
		市场调研、考察	3
		社会专业技能竞赛	4
		青年教师指导	5

注：排序中的数值表示难易程度。

数值 0 表示简单任务（普通人在简单的指导下都可完成）；

数值 1 表示一般难度（具有基本的专业知识和技能才能完成）；

数值 2 表示有一定难度（具有基本的专业知识和技能及一些经验才能完成）；

数值 3 表示困难（具有一定深度的专业知识和技能及一定的经验才能完成）；

数值 4 表示很困难（具有较深的专业知识和技能及较为丰富的经验才能完成）；

数值 5 表示非常困难（具有很深厚的知识和高级技能及丰富的经验才能完成）；

数值 6 表示极其困难（具有非常深厚的知识和高级技能及非常丰富的经验才能完成）。

(3) 教师技能等级与职称等级界定。

①技能等级界定。

根据 KH 高级技工学校教师工作任务分析和评价，参考国家标准，结合学校情况进行界定。

员级教师技能等级界定：员级教师类似见习教师，必须满足表 11.15 中的 1～4 项条件。

表 11.15　KH 高级技工学校员级（三级）教师技能等级界定

等级	界定标准
员级（三级）	1. 具有相应的教师资格证
	2. 从事本专业技术工作 1 年及以上或本科及以上学历
	3. 教案设计基本符合条件，能基本胜任教学岗位，教学检验效果合格
	4. 具有本专业必备的知识和技能及基本的动手实践能力

初级（二级）教师技能等级界定：必须满足表 11.16 中的 1～5 项条件。

表 11.16　KH 高级技工学校初级（二级）教师技能等级界定

等级	界定标准
初级（二级）	1. 具有相应的教师资格证
	2. 教案设计规范，基本胜任教学岗位，教学检验效果较好
	3. 大学本科及以上学历，见习期满 1 年并考核合格，或者具有 3 年以上企业工作经历并具有高职以上学历，见习期满 1 年并考核合格
	4. 具有独立指导学生校内技能竞赛的能力
	5. 获得校级荣誉称号或者带领班级获得校级集体荣誉至少 1 次

初级（一级）教师技能等级界定：满足表 11.17 中的 1～5 项。

表 11.17　KH 高级技工学校初级（一级）教师技能等级界定

等级	界定标准
初级（一级）	1. 符合初级（二级）第 1～3 项
	2. 独著或者以第一作者发表一般论文或期刊 1 篇
	3. 任职目前职称以来，至少有 1 项校级成果
	4. 社会技能竞赛个人获奖 1～2 次
	5. 校级竞赛指导获得一等奖 1 次及以上（包括团体奖）

中级（三级）教师技能等级界定：满足表 11.18 中的 1～6 项，其余项至少符合两项。

表 11.18　KH 高级技工学校中级（三级）教师技能等级界定

等级	界定标准
中级（三级）	1. 具有相应的教师资格证书
	2. 指导学生在县级中等职业学校有关技能竞赛获奖至少 1 次，校级竞赛获得一等奖至少 1 次（包括团体奖）

续表

等级	界定标准
中级（三级）	3. 教案设计规范，具有自身教学方式融合应用能力
	4. 以第一作者身份在市级或以上公开发行刊物上发表专业相关论文或期刊1篇
	5. 社会技能竞赛个人获奖3次及以上（市级以上）
	6. 任职目前职称以来，至少有2项校级成果
	7. 作为负责人完成至少2份有关市场调查报告、研究报告或咨询报告并起到积极作用
	8. 主要参与完成县级教研课题或主持完成学校研究课题1项
	9. 参与学校专业建设、教学改革等项目1项以上
	10. 学校教学评估（考核）结果为优秀2次以上
	11. 校级以上的专业公开课、示范课等课程竞赛获奖至少1次

中级（二级）教师技能等级界定：符合表11.19中的第1项，其余项至少满足两项。

表11.19 KH高级技工学校教师中级（二级）技能等级界定

等级	界定标准
中级（二级）	1. 符合中级（三级）第1~4项，第5~11项至少3项
	2. 校级以上的专业公开课、示范课等课程竞赛获奖至少2次
	3. 参与编写专业相关的出版教材至少1次
	4. 市级学生技能竞赛指导至少2次并获奖（包括团体奖）
	5. 获得学校专业带头人、优秀（骨干）教师、技能能手等称号
	6. 任职目前职称以来，至少有2项校级成果，1项县级或区级成果
	7. 作为负责人完成至少1份有关市场调查报告、研究报告或咨询报告并被企业采纳
	8. 社会技能竞赛个人获奖5次及以上（市级以上）

中级（一级）教师技能等级界定：满足表11.20中的第1项，其余项至少满足两项。

表11.20 KH高级技工学校教师中级（一级）技能等级界定

等级	界定标准
中级（一级）	1. 符合中级（二级）第1项，第2~8项至少1项
	2. 市级学生技能竞赛指导至少2次，并获一等奖至少1次（包括团体奖）
	3. 获得市级"技能大师工作室""名师工作室"主持人等各项荣誉称号

续表

等级	界定标准
中级（一级）	4. 以第一作者身份发表省级高质量论文、期刊1次
	5. 任职目前职称以来，至少有2项校级成果，2项县级或区级成果
	6. 作为负责人完成至少2份有关市场调查报告、研究报告或咨询报告并被企业采纳应用
	7. 社会技能竞赛个人获奖3次及以上（省级及以上）
	8. 获得省级"技能能手"称号

副高级（三级）教师技能等级界定：满足表11.21中第1~9项，第11~17项中至少满足两项。

表11.21　KH高级技工学校副高级（三级）教师技能等级界定

等级	界定标准
副高级（三级）	1. 教案设计科学，具有信息技术与学科（专业）教学融合应用能力，受到学生欢迎
	2. 学校教学评估（考核）结果为优秀3次以上
	3. 在专业教学、教研工作中，在县级起领导作用
	4. 以第一作者身份在国家级公开刊物中发表论文、期刊至少2次
	5. 指导培养青年教师，且效果突出
	6. 作为负责人完成县级教研课题或主持完成学校研究课题至少2项
	7. 市级以上的专业公开课、示范课等课程竞赛获奖至少1次
	8. 省级及以上学生技能竞赛指导至少2次，市级技能竞赛前3名1次（包括团体奖）
	9. 任现职以来，至少有2项市级业绩成果
	10. 承担县级以上公开课、研究课、网络直（录）播课、示范课或专题讲座2次以上
	11. 作为负责人完成至少1份有关市场调查报告、研究报告或咨询报告并被县级政府采纳应用
	12. 教师本人获得全国技工院校技能大赛一等奖或全省职工技能大赛一等奖2项
	13. 教材编著中，主持或参与编写的教材或参考书，获得国家教材审查委员会审核通过，并推行使用
	14. 教师参与指导选手获得省级技能大赛金、银、铜牌1项
	15. 获得省级或国家级"技能能手"称号

续表

等级	界定标准
副高级（三级）	16. 获得1项以上国家发明专利
	17. 获得其他省级以上奖励、成果

副高级（二级）教师技能等级界定：满足表11.22中第1项，其余项至少满足两项。

表11.22 KH高级技工学校副高级（二级）教师技能等级界定

等级	界定标准
副高级（二级）	1. 符合副高级（三级）第1~8，第9~17项中两项
	2. 省级及以上学生技能竞赛指导至少3次，市级技能竞赛获奖至少2次
	3. 教师本人获得教师类或社会性的全国技能大赛一等奖或省级一等奖3项
	4. 教材编著中，主持或参与编写的教材或参考书，获得国家教材审查委员会审核通过，并推行使用
	5. 教师参与指导选手获得省级及以上技能大赛金、银、铜牌3项
	6. 获得省级或国家级"技能能手"称号
	7. 获得1项以上国家发明专利，并获得授权
	8. 获得其他省级以上奖励、成果

副高级（一级）教师技能等级界定：满足表11.23中第1项，其余项至少满足两项。

表11.23 KH高级技工学校副高级（一级）教师技能等级界定

等级	界定标准
副高级（一级）	1. 符合副高级（二级）第1项，第2~8项中至少两项
	2. 以第一作者身份在国家级公开核心刊物发表论文或期刊至少2次
	3. 省级及以上学生技能竞赛指导至少2次，市级技能竞赛前3名2次（包括团体奖）
	4. 教师主要指导选手获得省级及以上技能大赛金、银、铜牌4项
	5. 教师本人获得教师类或社会性的全国技能大赛一等奖2项
	6. 获得2项以上国家发明专利，其中1项获得授权
	7. 获得国家级"技能能手"称号
	8. 获得其他省级以上奖励、成果

高级（四级）教师技能等级界定：必须满足表 11.24 中第 1～12 项，其余项至少满足 3 项。

表 11.24　KH 高级技工学校高级（四级）教师技能等级界定

等级	界定标准
高级（四级）	1. 主持市级及以上有关教育、教学研究，并起到带头作用
	2. 学校教学评估（考核）结果为优秀 5 次及以上
	3. 教案设计科学，具有代表性，具有信息技术与学科（专业）教学融合应用能力，受到学生欢迎，且获得同地区同行业认同
	4. 指导培养青年教师，且效果具有领头作用
	5. 承担市级以上公开课、研究课、网络直（录）播课、示范课或专题讲座至少 3 次并获奖
	6. 主持制定的有关学校专业人才培养、产教融合等方案以及社会调查报告等编制完成至少 2 项，取得阶段性成果
	7. 以第一作者身份在国家核心公开刊物发表论文、期刊至少 4 篇
	8. 任现职以来，至少具有 1 项市级、2 项省级成果
	9. 国家级及以上学生技能竞赛指导至少 2 次，省级技能竞赛指导并获奖 1 次
	10. 作为负责人完成至少 2 份有关市场调查报告、研究报告或咨询报告并被市级政府或企业采纳应用
	11. 获得省级中职教育教学成果二等奖以上或市级一等奖
	12. 教师本人全国技工院校技能大赛获奖 3 项
	13. 教材编著中，主持或参与编写的教材或参考书，获得国家教材审查委员会审核通过，并在全国进行推行使用
	14. 教师本人或参与指导选手获得国家技能大赛金、银、铜牌 3 项
	15. 获得 2 项以上国家发明专利，其中 1 项获得授权且在实践中取得重大实践成果
	16. 获得国家级及以上"技能能手"称号
	17. 获得其他国家级及以上奖励、成果

高级（三级）教师技能等级界定：满足表 11.25 中第 1 项，其余项至少满足 4 项。

表 11.25 KH 高级技工学校高级（三级）教师技能等级界定

等级	界定标准
高级（三级）	1. 符合高级（四级）第 1~9 项，第 10~17 项中 3 项
	2. 任现职以来，至少有 2 项省级成果、1 项国家级成果
	3. 教师本人参与教师类或社会性全国技能大赛获奖 3 项
	4. 教师本人或参与指导选手取得国家专业技能大赛金、银、铜牌 4 项
	5. 获得 2 项以上专业国家发明专利，并获得授权且在实践中取得很好的收益
	6. 教材编著中，作为主编编写的教材或参考书，获得国家教材审查委员会审核通过，并在全国进行推行使用
	7. 获得国家级及以上"技能能手"或其他称号
	8. 获得其他国家级及以上奖励、成果

高级（二级）教师技能等级界定：满足表 11.26 中第 1 项，其余项至少满足 3 项。

表 11.26 KH 高级技工学校高级（二级）教师技能等级界定

等级	界定标准
高级（二级）	1. 符合高级（三级）第 1 项，第 2~8 项中两项
	2. 任现职以来，至少具有 3 项省级成果，2 项国家级成果
	3. 教师本人获得全国技工院校技能大赛一等奖 4 项及以上
	4. 教师本人或作为主要指导人指导选手获得国家技能大赛金、银、铜牌 4 项以上
	5. 获得 2 项以上国家发明专利，并获得授权且取得重大实践成果，给行业带来较好成果
	6. 教材编著中，作为主编或主持编写的教材或参考书，获得国家教材审查委员会审核通过，并在全国进行推行使用
	7. 获得国家级及以上"技能能手"或其他称号至少 3 项
	8. 获得其他国家级及以上奖励、成果

高级（一级）教师技能等级界定：满足表 11.27 中第 1 项，其余项至少满足两项。

表 11.27 KH 高级技工学校高级（一级）教师技能等级界定

等级	界定标准
高级 （一级）	1. 符合高级（二级）标准
	2. 在教学改革以及对应专业的建设实践中具有省级带头作用。任现职以来，至少有 4 项国家级成果
	3. 教师本人参与教师类或社会性全国技能大赛获奖 7 项以上
	4. 教师参与指导选手取得国家专业技能大赛金、银、铜牌共 5 项及以上
	5. 获得 3 项以上与专业有关的国家发明专利，并均获得授权，给行业带来较好的经济效益
高级 （一级）	6. 教材编著中，作为主编编写的教材或参考书至少 3 篇，获国家教材审查委员会审核通过，并在全国进行推行使用
	7. 获得国家级以上"技能能手"或其他荣誉称号至少 2 项
	8. 获得其他重点项目国家级及以上奖励、成果

②职称等级界定。

根据调查，结合当地城镇全部单位就业人员平均工资、人均地区生产总值，对教师职称等级进行重新界定，见表 11.28。

表 11.28 KH 高级技工学校教师职称等级界定

职称	级别
高级	1
	2
	3
	4
副高	1
	2
	3
中级	1
	2
	3
初级	1
	2
员级	3

3. 技能培训与认证

（1）技能培训。

主要是通过顶岗锻炼、专家指导、师徒制等方法进行技能培训，具体见表11.29。

表 11.29　KH 高级技工学校教师技能培训

技能等级	培训方法			培训时间	
	顶岗锻炼	专家指导	师徒制		
高级	★	★		长期培训：一周至一个月不等	脱产培训
副高级	★	★			
中级	★	★	★		
初级	★	★	★		

（2）技能认证。

技能认证包括认证者、认证者所掌握的技能水平、员工展现自身所具备技能水平的方式。参照国家事业单位技能认证及学校情况，对 KH 高级技工学校教师进行技能认证，具体见表11.30。

表 11.30　KH 高级学校教师技能等级认证方式

技能等级	认证层次				
	由上级、同事或认证委员会内部认证			外部认证	
	教学工作	专业实践	业绩成果	技能证书（国家规定）	商业学院课程认证
高级	★	★	★	★	★
副高级	★	★	★	★	★
中级	★	★	★	★	
初级	★	★		★	

三、技能薪酬体系

根据 KH 高级技工学校经营情况，在原技能薪酬体系基础上进行优化，其结构见表11.31。

表 11.31 技能薪酬体系结构

薪酬构成	具体内容	比例
固定工资	薪级工资、基础性工资（包含校龄工资）	60%
绩效工资	基本课时、超课时、出勤考核、年度考核	40%
	奖金（根据获奖级别评定）	
津贴	职务津贴、学历补贴、"双师型"教师补贴	固定等级标准
福利	法定福利、非法定福利	固定标准

1. 固定工资

固定工资分为薪级工资与基础性工资（包含校龄工资）。基础性工资是国家规定基本工资的40%加上校龄工资。等级薪资参照国家标准，分13个级别，见表11.32。

表 11.32 基本工资优化表

薪资（元）	级别
高级	1
	2
	3
	4
副高级	1
	2
	3
中级	1
	2
	3
初级	1
	2
员级	3

2. 绩效工资

绩效工资包括基本课时、超课时、其他考核（出勤考核、年度考核）及奖金。

（1）超课时：不同级别对应不同的超课时标准。员级教师按照标准原则上无超课时，因此无本部分工资。

(2) 其他考核：根据学校经营情况和教师综合考核发放。

(3) 奖金：依据教师成果获奖情况、奖项级别进行奖励。

3. 津贴

为进一步稳固学校内部人才，吸引外部人才，对教师津贴结构的制定应更加明确，见表11.33。

表11.33 津贴结构

补贴类型	具体内容	
	学历补贴	研究生补贴：全日制、非全日制
		博士生补贴：全日制、非全日制
	双师型教师补贴	
	双学位补贴	
	职务补贴	

4. 福利

福利主要分为法定福利与非法定福利，KH高级技工学校主要对非法定福利进行优化，福利结构见表11.34。

表11.34 福利结构

福利类型	具体内容
法定福利	失业保险、医疗保险、养老保险、工伤保险、生育保险
非法定福利	住房公积金、节假日福利（带薪休假、节日礼品）
	教师职业发展相关福利（脱产培训、短期带薪培训等）
	结婚、生育福利
	生日福利
	每年1次免费体检、车费补贴、工作餐补贴

四、技能薪酬体系再设计对比

通过对KH高级技工学校的技能薪酬体系的调查，分析出技能薪酬体系结构不合理、内部公平性低、激励效果不明显、外部竞争性弱等问题。根据以上问题，与技能薪酬体系理论相结合，对KH高级技工学校技能薪酬体系进行再设计，通过对比得出，再设计后的技能薪酬体系更加科学合理。

第五节　KH 高级技工学校技能薪酬体系保障措施

1. 做好实施宣传工作

以校长为组长，成立督导小组，做好一切相关工作。在新的技能薪酬体系实施前，要对相关教师进行薪酬改革的思路、实施过程的有效宣传，确保教师全面了解新的技能薪酬体系，从而引导教师朝着学校发展目标前进。

2. 制度保障

KH 相关高级技工学校在进行技能薪酬体系再设计的改革、实施时，必须得到相关投资企业和学校管理者的支持。要依法构建符合 KH 高级技工学校自身情况的保障体系，学校领导、管理者要加强与政府的协调沟通，为学校争取更多有利资源，从而提供更多制度保障。

3. 资金保障

由于 KH 高级技工学校资金来源有限，学校想要可持续发展，应该根据市场不断调整技能薪酬体系。学校管理部门应该积极核算、有效控制资金投入方向，对人力资源成本进行正确的预算、纠正与取舍，争取以最小成本获得最佳效果。将学校利益与教师利益进行动态结合，建立长远的发展机制。

4. 沟通机制保障

在优化后的技能薪酬体系实施过程中，要积极沟通，认其收集教师的意见和建议。要定期进行信息收集，针对问题、意见进行讨论，形成与教师更匹配的技能薪酬体系。另外，在实施过程中要为教师提供申诉渠道，从而有效解决问题。最终确保优化后的技能薪酬体系公平、公正、合理。

参考文献

[1] Agwu M, Emeti C. Perception survey of skill－based pay system and employees performance in dormanlong engineering company limited port－Harcourt [J]. International Journal of Business and Management, 2013, 8 (16): 11－21.

[2] Aljumah A A. Performance related pay system: how does it affect the performance of the employees? [J]. European Journal of Business and Management, 2020, 12 (3): 111－119.

[3] Díaz-Fernández M, López-Cabrales A, Valle-Cabrera R. In search of demanded competencies: designing superior compensation systems [J]. The International Journal of Human Resource Management, 2013, 24 (3): 643－666.

[4] Hyrni, Gillian. Compare traditional pay and broadbanding [J]. Personal Journal, 2012 (2): 78－79.

[5] Karthikeyan S, Saravanan M, Rajkumar M. Optimization of worker assignment in dynamic cellular manufacturing system using genetic algorithm [J]. Journal of Advanced Manufacturing Systems, 2016, 15 (1): 35－42.

[6] Otto J, Han C D, Stella T. Using Neural Networks to Predict Wages Based on Worker Skills [J]. Studies in Business and Economics, 2021, 16 (1): 95－108.

[7] Trevor C O, Reilly G, Gerhart B. Reconsidering pay dispersion's effect on the performance of interdependent work: reconciling sorting and pay inequality [J]. Academy of Management Journal, 2012, 55 (3): 585－610.

[8] 蔡红红. 企业薪酬体系设计与改革探讨——以某国有城建集团子企业为例 [J]. 内蒙古煤炭经济, 2022 (6): 80－82.

[9] 曹晶. 北京市三级甲等医院不同层次护士工作任务的研究 [D]. 北京：中国协和医科大学，2008.

[10] 常莉莉. 浅谈平衡积分卡在医院绩效工资核算中的应用 [J]. 财会学习，2016（12）：175+177.

[11] 陈黎丽，侯琴. A 民办职业学院薪酬体系优化研究 [J]. 商业观察，2022（16）：17-19.

[12] 程思雨. 三级综合公立医院医师门诊工作任务分析与流程优化 [D]. 武汉：华中科技大学，2021.

[13] 谷黎明. 从绩效考核角度谈企业薪酬激励机制的设计 [J]. 现代企业，2023（1）：51-53.

[14] 郭宗志. 知识型员工薪酬管理技术探析 [J]. 中国集体经济，2020（26）：120-121.

[15] 韩未雪. 湖北省制造企业一线职工薪酬满意度影响因素研究——以宜昌市、襄阳市为例 [J]. 特区经济，2016（4）：98-100.

[16] 郝佳. 企业薪酬激励体系设计与绩效激励探析 [J]. 人才瞭望，2016（16）：131.

[17] 经朝军. 基于要素计点法的岗位价值评估体系应用研究——以 A 公司宽带薪酬体系设计过程中的岗位价值评估实践操作为例 [J]. 当代经济，2016（10）：120-121.

[18] 李杰，何莉娟. 企业能力薪酬体系设计与实施要点 [J]. 中国劳动，2013（4）：39-41.

[19] 李苏峥. ZS 集团薪酬体系改进研究 [D]. 北京：北京建筑大学，2020.

[20] 李文学. Z 公司薪酬体系优化研究 [D]. 西安：西安石油大学，2020.

[21] 李晓宛. 薪酬公平性衡量方法的对比与选择 [J]. 时代金融，2018（8）：277.

[22] 李自荣. 四川华电攀枝花发电公司薪酬体系研究与设计 [D]. 昆明：昆明理工大学，2007.

[23] 刘昕. 薪酬管理 [M]. 北京：中国人民大学出版社，2014.

[24] 刘旭. "岗位技能工资制"如何让技高者多得 [N]. 工人日报，2022-12-21（007）.

[25] 吕佩玲，王磊. 员工技能薪酬体系的设计——以惠景花木场员工为例 [J]. 人才资源开发，2020（24）：51-52.

[26] 罗紫葳. Z 地产公司薪酬管理研究 [D]. 哈尔滨：哈尔滨工业大

学，2019.

[27] 彭剑锋，饶征. 基于能力的人力资源管理［M］. 北京：中国人民大学出版社，2003.

[28] 濮雪镭. 基于技能与能力的薪酬设计研究［D］. 成都：西南财经大学，2006.

[29] 乔治·米尔科维奇，杰里曼. 薪酬管理［M］. 董克用，译. 北京：中国人民大学出版社，2014.

[30] 孙百芸. 德迈仕公司薪酬方案优化研究［D］. 大连：大连海事大学，2016.

[31] 孙健敏. 组织行为学［M］. 北京：高等教育出版社，2019.

[32] 孙蕾. A火力发电企业一线员工薪酬体系优化研究［D］. 郑州：河南大学，2021.

[33] 孙颖. 技能操作型员工薪酬激励优化探索与实践［J］. 中小企业管理与科技旬刊，2012（12）：23-24.

[34] 万逍. 薪酬公平性与高管离职率关系的研究［D］. 南京：南京林业大学，2020.

[35] 王云晓. 河南微医互联网医院薪酬体系优化设计研究［D］. 兰州：兰州理工大学，2021.

[36] 文跃然. 薪酬管理原理［M］. 上海：复旦大学出版社，2004.

[37] 吴寒梅. 高管团队稳定性、员工薪酬满意度与企业创新绩效［J］. 财会通讯，2021（5）：75-79.

[38] 吴联生，林景艺，王亚平. 薪酬外部公平性、股权性质与公司业绩［J］. 管理世界，2010（3）：117-126.

[39] 肖群. 制造企业薪酬管理体系存在问题及优化建议［J］. 中国中小企业，2021（9）：129-130.

[40] 徐英涛. 天津爱尔眼科医院薪酬体系分析与设计［D］. 长春：吉林大学，2013.

[41] 薛鹤. XD私立医院薪酬管理中平衡记分卡的应用研究［D］. 阜新：辽宁工程技术大学，2017.

[42] 余伦臻，陈少妮，王梅. 中小企业薪酬体系诊断与优化探讨——以东莞市F公司为例［J］. 商场现代化，2021（12）：69-71.

[43] 喻凡. 中国情境下薪酬公平对企业创新的影响研究［D］. 昆明：云南财经大学，2022.

[44] 张昊洋. A公司薪酬体系优化设计研究［D］. 哈尔滨：黑龙江大学，2022.
[45] 赵磊. M公司宽带薪酬体系再设计［D］. 天津：天津工业大学，2017.

附录1　A 公司薪酬公平性调查问卷

您好！

感谢您支持本次薪酬公平性调查工作，此次调查是有关公司薪酬体系建设的常规调查，请结合您自身岗位实际和对公司的了解填写本次问卷。

此次为匿名问卷调查，调查内容也将严格保密，请放心作答。问卷完成度低于50%，则视为本问卷无效。

请注意：非常符合即符合程度为80%以上，比较符合即符合程度为60%~80%，一般符合即符合程度为40%~60%，不太符合即符合程度为20%~40%，完全不符合即符合程度为20%以下。

一、基本情况

1. 性别

A. 男　　　　　　B. 女

2. 年龄

A. 30岁及以下　B. 31~40岁　　C. 41~50岁　　D. 51岁及以上

3. 婚姻状况

A. 已婚　　　　　B. 未婚　　　　C. 其他

4. 工龄

A. 1年以下　　　B. 1-5年　　　C. 6-10年　　　D. 10年以上

5. 学历

A. 本科及以上　　B. 大专　　　　　C. 大专以下

6. 职位

A. 管理岗位　　　B. 专业技术型岗位　C. 操作岗位

7. 薪酬水平

A. 3500~5000元　B. 5000~6500元　C. 6500~8000元

D. 8000~10000元　E. 10000元及以上

8. 在工作中,有没有人对您的技能要求做出规定和说明

    A. 详细说明　　　　B. 粗略说明　　　　C. 偶尔说明

    D. 从不说明　　　　E. 其他

9. 从您进入公司以来,薪酬体系制度是否做过调整

    A. 是　　　　B. 否

10. 目前薪酬调整的趋势是

    A. 只升不降　　　　B. 只降不升　　　　C. 升降结合

11. 您认为公司薪酬制度调整幅度和频率是否合理

    A. 非常合理　　　　B. 比较合理　　　　C. 一般

    D. 不太合理　　　　E. 非常不合理

二、薪酬体系设计公平性

(一) 薪酬体系外部公平性

12. 您的薪酬水平

    A. 非常高　　　　B. 比较高　　　　C. 一般

    D. 比较低　　　　E. 非常低

13. 您的薪酬满足基本生活需求的程度

    A. 非常高　　　　B. 比较高　　　　C. 一般

    D. 比较低　　　　E. 非常低

14. 您的薪酬水平与同行企业或类似员工相比

    A. 非常高　　　　B. 比较高　　　　C. 一般

    D. 比较低　　　　E. 非常低

15. 您的薪酬水平在本地区人才市场上的竞争性

    A. 非常高　　　　B. 比较高　　　　C. 一般

    D. 比较低　　　　E. 非常低

16. 公司提供的薪酬待遇对人才的吸引力

    A. 非常高　　　　B. 比较高　　　　C. 一般

    D. 比较低　　　　E. 非常低

(二) 薪酬体系内部公平性

17. 与公司内相同技能等级或工作的同事相比,您的薪酬水平

    A. 非常高　　　　B. 比较高　　　　C. 一般

D. 比较低　　　　　　　E. 非常低

18. 公司员工个人能力与技能等级要求的一致性
    A. 非常高　　　　　　　B. 比较高　　　　　　　C. 一般
    D. 比较低　　　　　　　E. 非常低

19. 您对员工薪酬构成的满意程度
    A. 非常高　　　　　　　B. 比较高　　　　　　　C. 一般
    D. 比较低　　　　　　　E. 非常低

20. 您认为不同技能等级薪酬差距的合理性
    A. 非常高　　　　　　　B. 比较高　　　　　　　C. 一般
    D. 比较低　　　　　　　E. 非常低

21. 公司给予每个员工的晋升机会的公平程度
    A. 非常高　　　　　　　B. 比较高　　　　　　　C. 一般
    D. 比较低　　　　　　　E. 非常低

（三）薪酬体系个人公平性

22. 公司有一套有效的薪酬管理体系，对自己的工作有严格的考核标准和程序
    A. 非常符合　　　　　　B. 比较符合　　　　　　C. 一般
    D. 不太符合　　　　　　E. 非常不符合

23. 公司会经常性地将绩效进展情况告知员工，您非常了解绩效与您薪酬之间的联系
    A. 非常符合　　　　　　B. 比较符合　　　　　　C. 一般
    D. 不太符合　　　　　　E. 非常不符合

24. 公司的绩效考核与薪酬分配机制联系紧密
    A. 非常符合　　　　　　B. 比较符合　　　　　　C. 一般
    D. 不太符合　　　　　　E. 非常不符合

25. 您的薪酬水平和您的努力程度相匹配
    A. 非常符合　　　　　　B. 比较符合　　　　　　C. 一般
    D. 不太符合　　　　　　E. 非常不符合

26. 薪酬对您的工作态度有明显的激励效果
    A. 非常符合　　　　　　B. 比较符合　　　　　　C. 一般
    D. 不太符合　　　　　　E. 非常不符合

(四) 薪酬体系管理过程公平性

27. 在制定执行薪酬体系方案时,公司会与员工进行有效且足够的沟通
   A. 非常符合　　　　B. 比较符合　　　　C. 一般
   D. 不太符合　　　　E. 非常不符合

28. 员工能够方便高效地获得薪酬方面的各种信息
   A. 非常符合　　　　B. 比较符合　　　　C. 一般
   D. 不太符合　　　　E. 非常不符合

29. 有员工提出薪酬相关意见时,公司会积极采纳
   A. 非常符合　　　　B. 比较符合　　　　C. 一般
   D. 不太符合　　　　E. 非常不符合

30. 公司薪酬体系透明
   A. 非常符合　　　　B. 比较符合　　　　C. 一般
   D. 不太符合　　　　E. 非常不符合

31. 在薪酬管理工作中,管理人员能够充分解释薪酬决策依据
   A. 非常符合　　　　B. 比较符合　　　　C. 一般
   D. 不太符合　　　　E. 非常不符合

附录2 薪酬公平性调查

调查角度	调查内容	编号
基本情况	性别	A1
	年龄	A2
	婚姻状况	A3
	工龄	A4
	学历	A5
	职位	A6
	薪酬水平	A7
	在工作中,有没有人对您的技能要求做出规定和说明	A8
	从您进入公司以来,薪酬体系制度是否做过调整	A9
	目前薪酬调整的趋势是	A10
	您认为公司薪酬制度调整幅度和频率是否合理	A11
外部公平性	您的薪酬水平	B1
	您的薪酬满足基本生活需求的程度	B2
	您的薪酬水平与同行企业或类似员工相比	B3
	您的薪酬水平在本地区人才市场上的竞争性	B4
	公司提供的薪酬待遇对人才的吸引性	B5
内部公平性	与公司相同技能等级或工作的同事相比,您的薪酬水平	C1
	公司员工个人能力与技能等级要求的一致性	C2
	您对员工薪酬构成的满意程度	C3
	您认为不同技能等级薪酬差距的合理性	C4
	公司给予每个员工的晋升机会的公平程度	C5
个人公平性	公司有一套有效的薪酬管理体系,对自己的工作有严格的考核标准和程序	D1
	公司会经常性地将绩效进展情况告知员工,您非常了解绩效与薪酬之间的联系	D2
	公司的绩效考核与薪酬分配机制联系紧密	D3
	您的薪酬水平和您的努力程度相匹配	D4
	薪酬对您的工作态度有明显的激励效果	D5

续表

调查角度	调查内容	编号
管理过程公平性	在制定执行薪酬方案时,公司会与员工进行有效且足够的沟通	E1
	员工能够方便高效地获得公司薪酬方面的各种信息	E2
	有员工提出薪酬相关意见时,公司会积极采纳	E3
	公司薪酬体系透明	E4
	在薪酬管理工作中,管理人员能够充分解释薪酬决策依据	E5

附录3　炮工薪酬调查问卷

您好！

非常感谢您在繁忙的工作和生活之余参加本次问卷调查。本次问卷调查仅用于学术研究，旨在研究我市炮工薪酬满意度影响因素。

此次为匿名问卷调查，您所填答案仅供整体分析使用，绝不个别处理或公开发表，请放心作答。问卷完成度低于50%，则视为本问卷无效。

请注意：非常符合即符合程度为80%以上，比较符合即符合程度为60%~80%，一般符合即符合程度为40%~60%，不太符合即符合程度为20%~40%，完全不符合即符合程度为20%以下。

再次衷心感谢您的支持与帮助！

1. 您对公司目前的薪酬管理体系满意程度如何
   A. 非常不满意　　B. 不太满意　　C. 基本满意　　D. 非常满意
2. 您在本公司的工作年限
   A. 1年以下　　　　B. 1~3年　　　　C. 4~5年
   D. 5~10年　　　　E. 10年以上
3. 您的岗位是
   A. 一般管理岗　　　　　　B. 普通员工
4. 您现在的月收入水平
   A. 3500~5000元　　B. 5001~6500元　　C. 6501~8000元
   D. 8001~10000元　　E. 10000元及以上
5. 您认为您现在的月收入是否合理
   A. 很不合理　　　　B. 不合理　　　　C. 基本合理
   D. 合理　　　　　　E. 很合理
6. 从客观上，您认为您的月收入应该为多少
   A. 4000元以下　　　B. 4001~6000元　　C. 6001~8000元
   D. 8001~10000元　　E. 10000元以上

7. 与行业相比,您认为您的薪酬水平在宜宾本行业处于

   A. 行业领先水平　　　　B. 高于行业平均水平　　C. 不确定

   D. 基本持平　　　　　　E. 低于行业平均水平

8. 您认为月收入水平与个人能力和经验的相关程度为

   A. 不相关　　　　　　　B. 稍微相关　　　　　　C. 相关

   D. 较为相关　　　　　　E. 非常相关

9. 您认为公司的薪酬支付因素应该包括

   A. 学历　　　　　　　　B. 工龄　　　　　　　　C. 岗位

   D. 技能　　　　　　　　E. 经验

10. 您认为公司目前的薪酬结构包括

    A. 固定工资　　　　　　B. 岗位工资　　　　　　C. 奖金

    D. 技能工资　　　　　　E. 工龄工资　　　　　　F. 学历工资

    G. 其他

11. 您认为公司目前提供的福利项目包括

    A. 五险一金　　　　　　B. 带薪休假　　　　　　C. 通信和交通费

    D. 员工食堂　　　　　　E. 节日福利

12. 您具有以下哪些能力

    A. 爆破工程的设计及总结

    B. 检查爆破质量

    C. 熟悉各种爆破器材的性能、构造

    D. 在爆破后能发现不安全因素并处理

    E. 准备爆破使用原材料

    F. 将电雷管脚线埋顺

13. 您觉得目前公司的发展与员工工资增长的关系是

    A. 利润增长时员工一定得到工资增长

    B. 利润增长时员工可能会得到工资增长

    C. 不确定

    D. 利润增长时员工不会得到工资增长

    E. 利润增长时员工绝对不会得到工资增长

附录4　KH 高级技工学校技能薪酬体系调查问卷

尊敬的老师：

您好！首先，感谢您百忙之中填写此次问卷！本次调查问卷的设计目的在于了解教师对于目前学校所实施的技能薪酬体系的看法。本次调查采用匿名方式，所有调查结果仅用于学术研究，您所填答案将严格保密，不会对您个人带来任何困扰。您的回答对本人的研究至关重要，请您仔细阅读问题后，按照您的实际情况和真实想法填写，答案无对错之分。再次感谢您的合作！

第一部分　个人基本信息

1. 您的性别
○男　　　　　　　　　　　○女

2. 您的年龄
○30 岁以下　　　　　　　　○31～40 岁
○41～50 岁　　　　　　　　○50 岁以上

3. 您的最高学历
○专科　　　　○本科　　　　○硕士研究生及以上

4. 您在本校的教龄
○5 年以下　　　○5～10 年　　　○10 年以上

5. 您的职称
○助理讲师及以下　　　○讲师　　　　○高级讲师

第二部分　正式问题

请根据你的实际情况进行选择，参考标准如下。

非常不认同：现阶段学校实行的技能薪酬制度完全不符合您的预期标准，不能满足您的心理需求。

不认同：现阶段学校实行的技能薪酬制度只达到您的预期标准的一半，在心理上也只能满足一半要求。

一般：学校实行的技能薪酬制度基本达到您预期标准，心理上基本满足要求。

认同：目前学校实行的技能薪酬制度符合您的预期标准，在心理上满足要求。

非常认同：现阶段学校实行的技能薪酬制度完全符合您的预期标准，在心理上得到完全的满足，甚至超过。

薪酬结构

6. 您认同以 50％固定工资和 50％浮动工资的形式合理吗？
○非常不认同　　○不认同　　○一般　　○认同　　○非常认同

7. 您对学校的绩效考核结果认同吗？
○非常不认同　　○不认同　　○一般　　○认同　　○非常认同

8. 您认同学校为教师提供的福利吗？
○非常不认同　　○不认同　　○一般　　○认同　　○非常认同

激励制度

9. 您认为学校目前的技能薪酬制度能够有效激励您的工作热情和积极性吗？
○非常不认同　　○不认同　　○一般　　○认同　　○非常认同

10. 您认同目前薪资能体现您的个人价值吗？
○非常不认同　　○不认同　　○一般　　○认同　　○非常认同

11. 您认同目前学校的技能薪酬安排有助于工资增长和职位提升吗？
○非常不认同　　○不认同　　○一般　　○认同　　○非常认同

内部公平性

12. 您认同当前不同等级教师薪资差距合理吗？
○非常不认同　　○不认同　　○一般　　○认同　　○非常认同

13. 您认同本校教师技能薪酬制度公正吗？
○非常不认同　　○不认同　　○一般　　○认同　　○非常认同

14. 您认同学校的分配机制公平吗？
○非常不认同　　○不认同　　○一般　　○认同　　○非常认同

外部竞争性

15. 您认同本校教师薪资比其他民办学校高吗？
○非常不认同　　○不认同　　○一般　　○认同　　○非常认同

16. 您认同本校教师薪资比公办学校高吗？
○非常不认同　　○不认同　　○一般　　○认同　　○非常认同

17. 相比于与您同时毕业，但从事其他职业的老师，您认同自己的薪酬水平更高吗？
○非常不认同　　○不认同　　○一般　　○认同　　○非常认同

18. 您认同当前本地劳动力市场的收入竞争力比较强吗？
○非常不认同　　○不认同　　○一般　　○认同　　○非常认同

19. 你认同现在学校教师的技能薪酬体系能够吸引更多的外部教师吗？
○非常不认同　　○不认同　　○一般　　○认同　　○非常认同